2023
SEXTA EDIÇÃO

WANDER **GARCIA**
GABRIELA **PINHEIRO**
LARISSA DIAS **PUERTA DOS SANTOS**

APRENDA COM OS AUTORES MAIS EXPERIENTES EM OAB

COMO PASSAR

OAB
SEGUNDA FASE
PRÁTICA CIVIL

WANDER GARCIA
COORDENADOR DA COLEÇÃO

ANA PAULA DOMPIERI
COCOORDENADORA DA COLEÇÃO

EDITORA FOCO

Dados Internacionais de Catalogação na Publicação (CIP) de acordo com ISBD

G216c Garcia, Wander

    Como passar na OAB 2ª fase: prática civil / Wander Garcia, Larissa Dias Puertas dos Santos, Gabriela Pinheiro ; coordenado por Wander Garcia, Ana Paula Dompieri. - 6. ed. - Indaiatuba, SP : Editora Foco, 2023.

    152 p. ; 16cm x 23cm.

Inclui bibliografia e índice.

ISBN: 978-65-5515-691-1

    1. Direito. 2. Direito civil. 3. Prática civil. I. Santos, Larissa Dias Puertas dos. II. Pinheiro, Gabriela. III. Dompieri, Ana Paula. IV. Título.

2022-3919   CDD 347   CDU 347

Elaborado por Vagner Rodolfo da Silva - CRB-8/9410

Índices para Catálogo Sistemático:

    1. Direito civil 347
    2. Direito civil 347

SEXTA EDIÇÃO

WANDER **GARCIA**
GABRIELA **PINHEIRO**
LARISSA DIAS **PUERTA DOS SANTOS**

APRENDA COM OS AUTORES MAIS EXPERIENTES EM OAB

OAB

SEGUNDA FASE

PRÁTICA CIVIL

COMO PASSAR

COMPLETO PARA **OAB** 2ª FASE

WANDER GARCIA
COORDENADOR DA COLEÇÃO

ANA PAULA DOMPIERI
COCOORDENADORA DA COLEÇÃO

2023 © Editora Foco

Coordenador: Wander Garcia
Cocordenadora: Ana Paula Dompieri
Autores: Wander Garcia, Gabriela Pinheiro e Larissa Dias Puerta dos Santos
Editor: Roberta Densa
Diretor Acadêmico: Leonardo Pereira
Assistente editorial: Paula Morishita
Revisora Sênior: Georgia Dias
Revisora: Simone Dias
Diagramação: Ladislau Lima
Capa: Leonardo Hermano
Impressão e acabamento: PRINT PARK

DIREITOS AUTORAIS: É proibida a reprodução parcial ou total desta publicação, por qualquer forma ou meio, sem a prévia autorização da Editora Foco, com exceção do teor das questões de concursos públicos que, por serem atos oficiais, não são protegidas como Direitos Autorais, na forma do Artigo 8º, IV, da Lei 9.610/1998. Referida vedação se estende às características gráficas da obra e sua editoração. A punição para a violação dos Direitos Autorais é crime previsto no Artigo 184 do Código Penal e as sanções civis às violações dos Direitos Autorais estão previstas nos Artigos 101 a 110 da Lei 9.610/1998.

NOTAS DA EDITORA:

Atualizações do Conteúdo: A presente obra é vendida como está, atualizada até a data do seu fechamento, informação que consta na página II do livro. Havendo a publicação de legislação de suma relevância, a editora, de forma discricionária, se empenhará em disponibilizar atualização futura. Os comentários das questões são de responsabilidade dos autores.

Bônus ou *Capítulo On-line*: Excepcionalmente, algumas obras da editora trazem conteúdo extra no *on-line*, que é parte integrante do livro, cujo acesso será disponibilizado durante a vigência da edição da obra.

Erratas: A Editora se compromete a disponibilizar no site www.editorafoco.com.br, na seção Atualizações, eventuais erratas por razões de erros técnicos ou de conteúdo. Solicitamos, outrossim, que o leitor faça a gentileza de colaborar com a perfeição da obra, comunicando eventual erro encontrado por meio de mensagem para contato@editorafoco.com.br. O acesso será disponibilizado durante a vigência da edição da obra.

Impresso no Brasil (12.2022)   Data de Fechamento (12.2022)

2023
Todos os direitos reservados à
Editora Foco Jurídico Ltda.
Avenida Itororó, 348 – Sala 05 – Cidade Nova
CEP 13334-050 – Indaiatuba – SP
E-mail: contato@editorafoco.com.br
www.editorafoco.com.br

APRESENTAÇÃO

Após anos dedicados ao estudo do direito, das leis, dos mais diversos modelos e resultados de interpretação, nos tornamos pouco a pouco mais conservadores, desenvolvemos um certo apego à ordem e à previsibilidade. A segurança jurídica que nos é apresentada como conceito vago no início da Graduação, ganha forma, contexto e valor para quem pretende o exercício da advocacia.

Esse livro foi feito para você, bacharel em Direito que busca a aprovação no Exame de Ordem dos Advogados do Brasil. Com o objetivo de te auxiliar na construção do seu sonho idealizamos uma obra científica que fosse capaz de concentrar as mais recentes provas e questões apresentadas nos últimos exames realizados no Brasil.

Você acaba de adquirir um exemplar totalmente renovado, revisado e com as mais preciosas dicas e sugestões idealizadas especialmente para a sua preparação para o exame que te concederá autorização para o exercício de uma fundamental carreira essencial à função jurisdicional.

É sabido que o efetivo exercício da advocacia, pública ou particular, depende da aprovação no Exame de Ordem, que felizmente está consagrado em nosso cenário jurídico pois é inegavelmente reconhecido como ferramenta básica para o ingresso de profissionais de qualidade no mercado de trabalho.

Foi justamente visando a melhor preparação dos nossos profissionais que essa obra foi idealizada. Fruto de parceria entre os professores Wander Garcia, Gabriela Pinheiro e Larissa Dias Puerta dos Santos, a obra se vale de conceitos técnicos e jurídicos para o auxílio do examinando em sua adequada preparação e consequente concretização de um sonho.

Nosso objetivo primordial é o seu sucesso!

Wander Garcia, Gabriela Pinheiro e Larissa Dias Puerta dos Santos

Acesse JÁ os conteúdos ON-LINE

ATUALIZAÇÃO em PDF
para complementar seus estudos*

Acesse o link:
www.editorafoco.com.br/atualizacao

 CAPÍTULOS ON-LINE

Acesse o link:
www.editorafoco.com.br/atualizacao

* As atualizações em PDF e Vídeo serão disponibilizadas sempre que houver necessidade, em caso de nova lei ou decisão jurisprudencial relevante, durante o ano da edição do livro.
* Acesso disponível durante a vigência desta edição.

SUMÁRIO

ORIENTAÇÕES AO EXAMINANDO XI

1. PROVIMENTOS CFOAB 144/2011, 150/2013, 156/2013, 167/2015, 172/2016, 174/2016 E 212/2022: O NOVO EXAME DE ORDEM XI
2. PONTOS A SEREM DESTACADOS NO EDITAL DO EXAME XV
   2.1. Materiais/procedimentos permitidos e proibidos XV
   2.2. Legislação nova e legislação revogada XVI
   2.3. Critérios de correção XVI
3. DICAS DE COMO ESTUDAR XVIII
   3.1. Tenha calma XVIII
   3.2. Tenha em mãos todos os instrumentos de estudo e treinamento XIX
   3.3. 1º Passo – Leitura dos enunciados das provas anteriores XIX
   3.4. 2º Passo – Reconhecimento das leis XIX
   3.5. 3º Passo – Estudo holístico dos exercícios práticos (questões discursivas) XX
   3.6. 4º Passo – Estudo holístico das peças práticas (peças prático-profissionais) XX
   3.7. 5º Passo – Verificar o que faltou XXI
   3.8. Dicas finais para resolver os problemas XXI
   3.9. Dicas finais para o dia da prova XXII

EXERCÍCIOS PRÁTICOS 1

1. NEGÓCIO JURÍDICO 1
2. OBRIGAÇÕES 2
3. CONTRATOS 4
4. COMPRA E VENDA 9
5. DOAÇÃO 14
6. LOCAÇÃO 18
7. RESPONSABILIDADE CIVIL 24
8. DIREITO DAS COISAS 39
9. USUCAPIÃO 40
10. VIZINHANÇA 43

11. FAMÍLIA	44
12. ALIMENTOS	53
13. SUCESSÃO	58
14. CONSUMIDOR	63
15. PROCESSO CIVIL	65
16. QUESTÕES COMBINADAS E OUTROS TEMAS	73

PEÇAS PRÁTICO-PROFISSIONAIS 83

EMBARGOS À EXECUÇÃO c/c PEDIDO DE EFEITO SUSPENSIVO	101
RAZÕES DE APELAÇÃO	107
AÇÃO DECLARATÓRIA DE INEXISTÊNCIA DE DÉBITO C/C COM PEDIDO DE TUTELA ANTECIPADA C/C CONDENAÇÃO POR DANOS MORAIS	112
DA TUTELA ANTECIPADA	113
RAZÕES DE APELAÇÃO	117
CONTESTAÇÃO	122

SUMÁRIO *ON-LINE*

EXERCÍCIOS PRÁTICOS *ON-LINE* 1

1. NEGÓCIO JURÍDICO	1
2. OBRIGAÇÕES	6
3. CONTRATOS	12
4. RESPONSABILIDADE CIVIL	34
5. FAMÍLIA	51
6. SUCESSÃO	78

PEÇAS PRÁTICO-PROFISSIONAIS *ON-LINE* 85

MODELO: AÇÃO REVISIONAL DE ALUGUEL	86
AÇÃO REVISIONAL DE ALUGUEL	87
MODELO: CONTESTAÇÃO	92
MODELO: AÇÃO DE CONSIGNAÇÃO EM PAGAMENTO	96
MODELO: AÇÃO DE COBRANÇA DE DÉBITO CONDOMINIAL	99
AÇÃO DE COBRANÇA DE DESPESAS CONDOMINIAIS	100

MODELO: AÇÃO DE RECONHECIMENTO E DISSOLUÇÃO DE SOCIEDADE DE FATO 102
AÇÃO DE RECONHECIMENTO E DISSOLUÇÃO DE UNIÃO ESTÁVEL C/C DIVISÃO DE BENS 103
MODELO: AÇÃO DE INDENIZAÇÃO PELA EVICÇÃO 108
AÇÃO INDENIZATÓRIA 108
MODELO: AÇÃO DE INVESTIGAÇÃO DE PATERNIDADE C.C ALIMENTOS 111
AÇÃO DE INVESTIGAÇÃO DE PATERNIDADE CUMULADA COM ALIMENTOS 111
MODELO: AÇÃO DE INDENIZAÇÃO PELA EVICÇÃO 113
AÇÃO DE INDENIZAÇÃO POR DANOS MATERIAIS E MORAIS 114
MODELO: APELAÇÃO 118
RAZÕES DE RECURSO DE APELAÇÃO 119
MODELO: APELAÇÃO 121
APELAÇÃO 122
RAZÕES DE RECURSO DE APELAÇÃO 122
MODELO: APELAÇÃO 126
RECURSO DE APELAÇÃO 126
RAZÕES DE RECURSO DE APELAÇÃO 126
MODELO: PETIÇÃO INICIAL - INDENIZATÓRIA DANOS MATERIAIS E MORAIS 131
AÇÃO DE RESSARCIMENTO DE DANOS MATERIAIS E MORAIS 131
MODELO: PETIÇÃO INICIAL - AÇÃO DE ALIMENTOS 136

ORIENTAÇÕES
AO EXAMINANDO

1. Provimentos CFOAB 144/2011, 150/2013, 156/2013, 167/2015, 172/2016, 174/2016 e 212/2022: o Novo Exame de Ordem

O Conselho Federal da Ordem dos Advogados do Brasil (OAB) publicou em novembro de 2013 o Provimento 156/2013, que alterou o Provimento 144/2011, estabelecendo as normas e diretrizes do Exame de Ordem. Confira o texto integral do provimento, com as alterações promovidas pelos provimentos 167/2015, 172/2016, 174/2016 e 212/2022:

O CONSELHO FEDERAL DA ORDEM DOS ADVOGADOS DO BRASIL, no uso das atribuições que lhe são conferidas pelos arts. 8º, § 1º, e 54, V, da Lei n. 8.906, de 4 de julho de 1994 – Estatuto da Advocacia e da OAB, tendo em vista o decidido nos autos da Proposição n. 2011.19.02371-02,

RESOLVE:

CAPÍTULO I

DO EXAME DE ORDEM

Art. 1º O Exame de Ordem é preparado e realizado pelo Conselho Federal da Ordem dos Advogados do Brasil – CFOAB, mediante delegação dos Conselhos Seccionais.

§ 1º A preparação e a realização do Exame de Ordem poderão ser total ou parcialmente terceirizadas, ficando a cargo do CFOAB sua coordenação e fiscalização.

§ 2º Serão realizados 03 (três) Exames de Ordem por ano.

CAPÍTULO II

DA COORDENAÇÃO NACIONAL DE EXAME DE ORDEM

Art. 2º É criada a Coordenação Nacional de Exame de Ordem, competindo-lhe organizar o Exame de Ordem, elaborar-lhe o edital e zelar por sua boa aplicação, acompanhando e supervisionando todas as etapas de sua preparação e realização. (NR. Ver Provimento n. 156/2013)

Art. 2º-A. A Coordenação Nacional de Exame de Ordem será designada pela Diretoria do Conselho Federal e será composta por: (NR. Ver Provimento n. 150/2013)

I – 03 (três) Conselheiros Federais da OAB;

II – 03 (três) Presidentes de Conselhos Seccionais da OAB;

III – 01 (um) membro da Escola Nacional da Advocacia;

IV – 01 (um) membro da Comissão Nacional de Exame de Ordem;

V – 01 (um) membro da Comissão Nacional de Educação Jurídica;

VI – 02 (dois) Presidentes de Comissão de Estágio e Exame de Ordem de Conselhos Seccionais da OAB.

Parágrafo único. A Coordenação Nacional de Exame de Ordem contará com ao menos 02 (dois) membros por região do País e será presidida por um dos seus membros, por designação da Diretoria do Conselho Federal. (NR. Ver Provimento n. 150/2013)

CAPÍTULO III
DA COMISSÃO NACIONAL DE EXAME DE ORDEM, DA COMISSÃO NACIONAL DE EDUCAÇÃO JURÍDICA, DO COLÉGIO DE PRESIDENTES DE COMISSÕES DE ESTÁGIO E EXAME DE ORDEM E DAS COMISSÕES DE ESTÁGIO E EXAME DE ORDEM

Art. 3º À Comissão Nacional de Exame de Ordem e à Comissão Nacional de Educação Jurídica compete atuar como órgãos consultivos e de assessoramento da Diretoria do CFOAB.

Art. 4º Ao Colégio de Presidentes de Comissões de Estágio e Exame de Ordem compete atuar como órgão consultivo e de assessoramento da Coordenação Nacional de Exame de Ordem.

Art. 5º Às Comissões de Estágio e Exame de Ordem dos Conselhos Seccionais compete fiscalizar a aplicação da prova e verificar o preenchimento dos requisitos exigidos dos examinandos quando dos pedidos de inscrição, assim como difundir as diretrizes e defender a necessidade do Exame de Ordem.

CAPÍTULO IV
DOS EXAMINANDOS

Art. 6º A aprovação no Exame de Ordem é requisito necessário para a inscrição nos quadros da OAB como advogado, nos termos do art. 8º, IV, da Lei n.º 8.906/1994.

§ 1º Ficam dispensados do Exame de Ordem os postulantes oriundos da Magistratura e do Ministério Público e os bacharéis alcançados pelo art. 7º da Resolução n. 02/1994, da Diretoria do CFOAB. (NR. Ver Provimento n. 167/2015)

§ 2º Ficam dispensados do Exame de Ordem, igualmente, os advogados públicos aprovados em concurso público de provas e títulos realizado com a efetiva participação da OAB até a data da publicação do Provimento n. 174/2016-CFOAB. (NR. Ver Provimento n. 174/2016)

§ 3º Os advogados enquadrados no § 2º do presente artigo terão o prazo de 06 (seis) meses, contados a partir da data da publicação do Provimento n. 174/2016-CFOAB, para regularização de suas inscrições perante a Ordem dos Advogados do Brasil. (NR. Ver Provimento n. 174/2016)

Art. 7º O Exame de Ordem é prestado por bacharel em Direito, ainda que pendente sua colação de grau, formado em instituição regularmente credenciada.

§ 1º É facultado ao bacharel em Direito que detenha cargo ou exerça função incompatível com a advocacia prestar o Exame de Ordem, ainda que vedada a sua inscrição na OAB.

§ 2º Poderá prestar o Exame de Ordem o portador de diploma estrangeiro que tenha sido revalidado na forma prevista no art. 48, § 2º, da Lei n. 9.394, de 20 de dezembro de 1996.

§ 3º Poderão prestar o Exame de Ordem os estudantes de Direito dos últimos dois semestres ou do último ano do curso. (NR. Ver Provimento n. 156/2013)

CAPÍTULO V
DA BANCA EXAMINADORA E DA BANCA RECURSAL

Art. 8º A Banca Examinadora da OAB será designada pelo Coordenador Nacional do Exame de Ordem. (NR. Ver Provimento n. 156/2013)

Parágrafo único. Compete à Banca Examinadora elaborar o Exame de Ordem ou atuar em conjunto com a pessoa jurídica contratada para a preparação, realização e correção das provas, bem como homologar os respectivos gabaritos. (NR. Ver Provimento n. 156/2013)

Art. 9º À Banca Recursal da OAB, designada pelo Coordenador Nacional do Exame de Ordem, compete decidir a respeito de recursos acerca de nulidade de questões, impugnação de gabaritos e pedidos de revisão de notas, em decisões de caráter irrecorrível, na forma do disposto em edital. (NR. Ver Provimento n. 156/2013)

§ 1º É vedada, no mesmo certame, a participação de membro da Banca Examinadora na Banca Recursal.

§ 2º Aos Conselhos Seccionais da OAB são vedadas a correção e a revisão das provas.

§ 3º Apenas o interessado inscrito no certame ou seu advogado regularmente constituído poderá apresentar impugnações e recursos sobre o Exame de Ordem.(NR. Ver Provimento n. 156/2013)

Art. 10. Serão publicados os nomes e nomes sociais daqueles que integram as Bancas Examinadora e Recursal designadas, bem como os dos coordenadores da pessoa jurídica contratada, mediante forma de divulgação definida pela Coordenação Nacional do Exame de Ordem. (NR. Ver Provimento n. 172/2016)

§ 1º A publicação dos nomes referidos neste artigo ocorrerá até 05 (cinco) dias antes da efetiva aplicação das provas da primeira e da segunda fases. (NR. Ver Provimento n. 156/2013)

§ 2º É vedada a participação de professores de cursos preparatórios para Exame de Ordem, bem como de parentes de examinandos, até o quarto grau, na Coordenação Nacional, na Banca Examinadora e na Banca Recursal. (NR. Ver Provimento n. 156/2013)

CAPÍTULO VI
DAS PROVAS

Art. 11. O Exame de Ordem, conforme estabelecido no edital do certame, será composto de 02 (duas) provas:

I – prova objetiva, sem consulta, de caráter eliminatório;

II – prova prático-profissional, permitida, exclusivamente, a consulta a legislação, súmulas, enunciados, orientações jurisprudenciais e precedentes normativos sem qualquer anotação ou comentário, na área de opção do examinando, composta de 02 (duas) partes distintas:

a) redação de peça profissional;

b) questões práticas, sob a forma de situações-problema.

§ 1º A prova objetiva conterá no máximo 80 (oitenta) questões de múltipla escolha, sendo exigido o mínimo de 50% (cinquenta por cento) de acertos para habilitação à prova prático-profissional, vedado o aproveitamento do resultado nos exames seguintes.

§ 2º Será considerado aprovado o examinando que obtiver, na prova prático-profissional, nota igual ou superior a 06 (seis) inteiros, vedado o arredondamento.

§ 3º Ao examinando que não lograr aprovação na prova prático-profissional será facultado computar o resultado obtido na prova objetiva apenas quando se submeter ao Exame de Ordem imediatamente subsequente. O valor da taxa devida, em tal hipótese, será definido em edital, atendendo a essa peculiaridade. (NR. Ver Provimento n. 156/2013)

§ 4º O conteúdo das provas do Exame de Ordem contemplará as disciplinas do Eixo de Formação Profissional, de Direitos Humanos, do Estatuto da Advocacia e da OAB e seu Regulamento Geral e do Código de Ética e Disciplina, podendo contemplar disciplinas do Eixo de Formação Fundamental. (NR. Ver Provimento n. 156/2013)

§ 5º A prova objetiva conterá, no mínimo, 15% (quinze por cento) de questões versando sobre Estatuto da Advocacia e seu Regulamento Geral, Código de Ética e Disciplina, Filosofia do Direito e Direitos Humanos. (NR. Ver Provimento n. 156/2013)

CAPÍTULO VII

DAS DISPOSIÇÕES FINAIS

Art. 12. O examinando prestará o Exame de Ordem perante o Conselho Seccional de sua livre escolha. (NR Ver Provimento 212/2022).

§ 1º Realizada a inscrição no Exame de Ordem, o candidato fará a prova perante o Conselho Seccional escolhido, permanecendo vinculado ao local onde realizada a inscrição para todas as fases do certame. (NR Ver Provimento 212/2022)

§ 2º Mediante requerimento fundamentado e comprovado dirigido à Coordenação Nacional do Exame de Ordem, pode o examinando, em hipóteses excepcionais e caso acolhido o pedido, realizar a segunda fase em localidade distinta daquela onde realizada a primeira. (NR Ver Provimento 212/2022)

Art. 13. A aprovação no Exame de Ordem será declarada pelo CFOAB, cabendo aos Conselhos Seccionais a expedição dos respectivos certificados.

§ 1º O certificado de aprovação possui eficácia por tempo indeterminado e validade em todo o território nacional.

§ 2º O examinando aprovado somente poderá receber seu certificado de aprovação no Conselho Seccional onde prestou o Exame de Ordem, pessoalmente ou por procuração.

§ 3º É vedada a divulgação de nomes e notas de examinados não aprovados.

Art. 14. Fica revogado o Provimento n. 136, de 19 de outubro de 2009, do Conselho Federal da Ordem dos Advogados do Brasil.

Art. 15. Este Provimento entra em vigor na data de sua publicação, revogadas as disposições em contrário.

Ophir Cavalcante Junior, Presidente
Marcus Vinicius Furtado Coêlho, Conselheiro Federal – Relator

2. Pontos a serem destacados no edital do exame

2.1. Materiais/procedimentos permitidos e proibidos

O Edital do Exame Unificado da OAB vem adotando as seguintes regras em relação aos materiais:

Materiais/Procedimentos permitidos

- Legislação não comentada, não anotada e não comparada.
- Códigos, inclusive os organizados que não possuam índices temáticos estruturando roteiros de peças processuais, remissão doutrinária, jurisprudência, informativos dos tribunais ou quaisquer comentários, anotações ou comparações.
- Leis de Introdução dos Códigos.
- Instruções Normativas.
- Índice remissivo.
- Exposição de Motivos.
- Súmulas.
- Enunciados.
- Orientações Jurisprudenciais.
- Regimento Interno.
- Resoluções dos Tribunais.
- Simples utilização de marca-texto, traço ou simples remissão a artigos ou a lei.
- Separação de códigos por clipes e/ou por cores, providenciada pelo próprio examinando, sem nenhum tipo de anotação manuscrita ou impressa nos recursos utilizados para fazer a separação.
- Utilização de separadores de códigos fabricados por editoras ou outras instituições ligadas ao mercado gráfico, desde que com impressão que contenha simples remissão a ramos do Direito ou a leis.

Observação: As remissões a artigo ou lei são permitidas apenas para referenciar assuntos isolados. Quando for verificado pelo fiscal advogado que o examinando se utilizou de tal expediente com o intuito de burlar as regras de consulta previstas neste edital, articulando a estrutura de uma peça jurídica, o material será recolhido, sem prejuízo das demais sanções cabíveis ao examinando.

Materiais/Procedimentos **proibidos**

- Códigos comentados, anotados, comparados ou com organização de índices temáticos estruturando roteiros de peças processuais.
- Jurisprudências.
- Anotações pessoais ou transcrições.
- Cópias reprográficas (xerox).
- Utilização de marca texto, traços, símbolos, post-its ou remissões a artigos ou a lei de forma a estruturar roteiros de peças processuais e/ou anotações pessoais.
- Utilização de notas adesivas manuscritas, em branco ou impressas pelo próprio examinando.
- Utilização de separadores de códigos fabricados por editoras ou outras instituições ligadas ao mercado gráfico em branco.
- Impressos da internet.
- Informativos de Tribunais.
- Livros de Doutrina, revistas, apostilas, calendários e anotações.
- Dicionários ou qualquer outro material de consulta.
- Legislação comentada, anotada ou comparada.
- Súmulas, Enunciados e Orientações Jurisprudenciais comentadas, anotadas ou comparadas.

Os examinandos deverão comparecer no dia de realização da prova prático-profissional já com os textos de consulta com as partes não permitidas devidamente isoladas por grampo ou fita adesiva de modo a impedir sua utilização, sob pena de não poder consultá-los.

O examinando que descumprir as regras quanto à utilização de material proibido terá suas provas anuladas e será automaticamente eliminado do Exame.

Por fim, é importante que o examinando leia sempre o edital publicado, pois tais regras podem sofrer algumas alterações a cada exame.

2.2. Legislação nova e legislação revogada

Segundo o edital do exame, "legislação com entrada em vigor após a data de publicação deste edital, bem como alterações em dispositivos legais e normativos a ele posteriores não serão objeto de avaliação nas provas do Exame de Ordem".

Repare que há dois marcos: a) data da entrada em vigor da lei (não é a data da publicação da lei, mas a data em que esta entra em vigor); b) data da publicação do edital.

Portanto, atente para esse fato quando for estudar.

2.3. Critérios de correção

Quando você estiver redigindo qualquer questão, seja um exercício prático (questão discursiva), seja uma peça prático-profissional (peça), lembre-se de que serão levados em conta, para os dois casos, os seguintes critérios previstos no Edital:

a) adequação das respostas ao problema apresentado;
  - peça inadequada (inepta, procedimento errado): nota zero;
  - resposta incoerente ou ausência de texto: nota zero;
    Obs.: A indicação correta da peça prática é verificada no nomem iuris da peça concomitantemente com o correto e completo fundamento legal usado para justificar tecnicamente a escolha feita.
b) vedação de identificação do candidato;
  - o caderno de textos definitivos não poderá ser assinado, rubricado ou conter qualquer palavra ou marca que o identifique em outro local que não o apropriado (capa do caderno), sob pena de ser anulado;
c) a prova deve ser manuscrita, em letra legível, com caneta esferográfica de tinta azul ou preta;
  - letra ilegível: nota zero;
d) respeito à extensão máxima;
  - na peça profissional, o examinando deverá formular texto com a extensão máxima definida na capa do caderno de textos definitivos / 30 linhas em cada questão;
  - fragmento de texto fora do limite: será desconsiderado;
e) respeito à ordem de transcrição das respostas;
f) caso a prova exija assinatura, deve-se usar:
    ADVOGADO...
  - Penas para o desrespeito aos itens "e" e "f": nota zero;
g) nas peças/questões, o examinando deve incluir todos dados necessários, sem identificação e com o nome do dado seguido de reticências:
  - Ex: Município..., Data..., OAB...;
  - Omissão de dados: descontos na pontuação;

Por outro lado, apesar de não previstos textualmente no edital, temos percebido que a examinadora vem adotando, também, os seguintes critérios:

a) objetividade;
  - as respostas devem ser claras, com frases e parágrafos curtos, e sempre na ordem direta;
b) organização;
  - as respostas devem ter começo, meio e fim; um tema por parágrafo; e divisão em tópicos (na peça processual);
c) coesão textual;
  - um parágrafo deve ter ligação com o outro; assim, há de se usar os conectivos (dessa forma, entretanto, assim, todavia...);
    Obs.: porém, quanto às questões da prova prático-profissional que estiverem subdivididas em itens, cada item deverá ser respondido separadamente.
d) correção gramatical;
  - troque palavras que você não conheça, por palavras que você conheça;

- leia o texto que você escreveu;
e) quantidade de fundamentos;
    - Cite a premissa maior (lei), a premissa menor (fato concreto) e chegue a uma conclusão (subsunção do caso à norma e sua aplicação);
    - Traga o maior número de fundamentos pertinentes; há questões que valem 1,25 pontos, sendo 0,25 para cada fundamento trazido; o examinando que fundamenta sua resposta num ponto só acaba por tirar nota 0,25 numa questão desse tipo;
    - Tempestade de ideias; criatividade; qualidade + quantidade;
f) indicação do nome do instituto jurídico aplicável e/ou do princípio aplicável;
g) indicação do dispositivo legal aplicável;
    - Ex.: para cada fundamento usado pelo examinando, é NECESSÁRIO citar o dispositivo legal em que se encontra esse fundamento, sob pena de perder até 0,5 ponto, a depender do caso;
h) indicação do entendimento doutrinário aplicável;
i) indicação do entendimento jurisprudencial aplicável;
j) indicação das técnicas interpretativas;
    - Ex.: interpretação sistemática, teleológica etc.

3. Dicas de como estudar
3.1. Tenha calma

Em primeiro lugar, é preciso ter bastante calma. Quem está para fazer a 2ª fase do Exame de Ordem já está, literalmente, com meio caminho andado.

A diferença é que, agora, você não terá mais que saber uma série de informações sobre as mais de quinze principais disciplinas do Direito cobradas na 1ª fase. Agora você fará uma prova delimitada, na qual aparecem questões sobre um universo muito menor que o da 1ª fase.

Além disso, há a possibilidade de consultar a legislação no momento da prova. Ah, mas antes era possível consultar qualquer livro, você diria. Pois é. Mas isso deixava muitos examinandos perdidos. Primeiro porque não sabiam o que comprar, o que levar e isso gerava estresse, além de um estrago orçamentário. Segundo porque, na hora da prova, eram tantos livros, tantas informações, que não se sabia o que fazer, por onde atacar, o que levava a uma enorme perda de tempo, comprometendo o bom desempenho no exame. E mais, o examinando deixava de fazer o mais importante, que é conhecer e usar a lei. Vi muitas provas em que o examinando só fazia citações doutrinárias, provas essas que, se tivessem feito menção às palavras-chave (aos institutos jurídicos pertinentes) e aos dispositivos legais mencionados no Padrão de Resposta da examinadora, fariam com que o examinando fosse aprovado. Mas a preocupação em arrumar a melhor citação era tão grande que se deixava de lado o mais importante, que é a lei e os consequentes fundamentos jurídicos.

Então, fica a lembrança de que você fará um exame com temas delimitados e com a possibilidade, ainda, de contar com o apoio da lei na formulação de suas respostas, e esses são fatores muito positivos, que devem te dar tranquilidade. Aliás, você já é uma pessoa de valor, um vencedor, pois não anda fácil ser aprovado na 1ª, e você conseguiu isso.

3.2. Tenha em mãos todos os instrumentos de estudo e treinamento

Uma vez acalmado o ânimo, é hora de separar os materiais de estudo e de treinamento.

Você vai precisar dos seguintes materiais:

a) todos os exercícios práticos de provas anteriores do Exame Unificado da OAB (**contidos neste livro**);

b) todas as peças práticas de provas anteriores do Exame Unificado da OAB (**contidas neste livro**);

c) resolução teórica e prática de todos os exercícios e peças mencionadas (**contida neste livro**);

d) explicação teórica e modelo das principais peças processuais (**contidos neste livro**);

e) doutrina de qualidade sobre direito constitucional; nesse sentido recomendamos o livro "Super-Revisão OAB: Doutrina Completa", da Editora Foco (www.editorafoco.com.br); você também pode usar outros livros de apoio, podendo ser um livro que você já tenha da sua área.

f) Vade Mecum de legislação + Informativos recentes com os principais julgamentos dos Tribunais Superiores (contidos no Vade Mecum de Legislação FOCO, que é o Vade Mecum com o melhor conteúdo selecionado impresso do mercado – confira em www.editorafoco.com.br).

3.3. 1º Passo – Leitura dos enunciados das provas anteriores

A primeira providência que deve tomar é ler todos os exercícios e todas as peças já cobradas pelo Exame Unificado da OAB. Nesse primeiro momento não leia as resoluções teóricas dessas questões.

Repito: leia apenas os **enunciados** dos exercícios e das peças práticas. A ideia é que você tenha um "choque de realidade", usando uma linguagem mais forte. Numa linguagem mais adequada, eu diria que você, ao ler os enunciados das questões da 2ª fase, ficará **ambientado com o tipo de prova** e também ficará com as **"antenas" ligadas sobre o tipo de estudo** que fará das peças, da jurisprudência e da doutrina.

3.4. 2º Passo – Reconhecimento das leis

Logo após a leitura dos enunciados das questões das provas anteriores, **separe** o livro de legislação que vai usar e todas as leis que serão necessárias para levar no exame e **faça um bom reconhecimento** desse material.

Quando chegar o dia da prova, você deverá estar bem íntimo desse material. A ideia, aqui, não é ler cada artigo da lei, mas, sim, conhecer as leis materiais e processuais pertinentes, atentando-se para seus capítulos e suas temáticas. Leia o sumário dos códigos. Leia o nome dos capítulos e seções das leis que não estão dentro de um código. Procure saber como é dividida cada lei. Coloque marcações nas principais leis. Dê uma olhada no índice remissivo dos códigos e procure se ambientar com ele.

Os dois primeiros passos devem durar, no máximo, um dia estudo.

3.5. 3º Passo – Estudo holístico dos exercícios práticos (questões discursivas)

Você deve ter reparado que as questões discursivas presentes neste livro estão classificadas por temas de direito material e de direito processual.

E você deve lembrar que é fundamental ter à sua disposição, além das questões que estão neste livro, a jurisprudência aplicável, um bom livro de doutrina e um *Vade Mecum* de legislação, como o indicado por nós.

Muito bem. Agora sua tarefa é fazer cada questão discursiva (não é a *peça prática*; trata-se do *exercício prático*), uma a uma.

Primeiro leia o enunciado da questão e tente fazê-lo sozinho, como se estivesse no dia da prova. Use apenas a legislação. E não se esqueça de utilizar os **índices**!!!

Antes de fazer cada questão, é muito importante coletar todas as informações que você tem sobre o tema e que conseguiu extrair da lei.

Num primeiro momento, seu trabalho vai ser de "tempestade de ideias". Anote no rascunho tudo que for útil para desenvolver a questão, tais como dispositivos legais, princípios, entendimentos doutrinários que conhecer, entendimentos jurisprudenciais, técnicas interpretativas que pode citar etc.

Depois da tempestade de ideias, agrupe os pontos que levantou, para que sejam tratados de forma ordenada, e crie um esqueleto de resposta. Não é para fazer um rascunho da resposta e depois copiá-lo. A ideia é que faça apenas um esqueleto, um esquema para que, quando estiver escrevendo a resposta, você o faça de modo bem organizado e não esqueça ponto algum.

Quando terminar de escrever uma resposta (e somente depois disso), leia a resolução da questão que está no livro e anote no papel onde escreveu sua resposta **o que faltou nela**. Anote os fundamentos que faltaram e também a eventual falta de organização de ideias e eventuais outras falhas que identificar. Nesse momento, tenha autocrítica. A ideia é você cometer cada vez menos erros a cada exercício. Depois de ler a resolução da questão presente neste livro, deverá buscar na legislação cada lei citada em nosso comentário. Leia os dispositivos citados por nós e aproveite também para conferir os dispositivos legais que têm conexão com o assunto.

Em seguida, pegue seu livro de doutrina de referência e leia o capítulo referente àquela temática.

Por fim, você deve ler todas as súmulas e precedentes jurisprudenciais referentes àquela temática.

Faça isso com todas as questões discursivas (*exercícios práticos*). E anote nos livros (neste livro e no livro de doutrina de referência) tudo o que você já tiver lido. Com essa providência você já estará se preparando tanto para os *exercícios práticos* como para a *peça prática*, só não estará estudando os modelos de peça.

Ao final desse terceiro passo seu *raciocínio jurídico* estará bastante apurado, com um bom *treinamento da escrita* e também com um bom conhecimento da *lei*, da *doutrina* e da *jurisprudência*.

3.6. 4º Passo – Estudo holístico das peças práticas (peças prático-profissionais)

Sua tarefa, agora, é resolver todas as peças práticas que já apareceram no Exame Unificado da OAB.

Primeiro leia o enunciado do problema que pede a realização da peça prática e tente fazê-la sozinho, como se estivesse fazendo a prova. Mais uma vez use apenas a legislação. Não se esqueça de fazer a "tempestade de ideias" e o esqueleto.

Terminado o exercício, você vai ler a resolução da questão e o modelo da peça trazido no livro e anotará no papel onde escreveu sua resposta o que faltou nela. Anote os fundamentos que faltaram, a eventual falta de organização de ideias, dentre outras falhas que perceber. Lembre-se da importância da autocrítica.

Agora você deve buscar na legislação cada lei citada no comentário trazido neste livro. Leia os dispositivos citados e aproveite, mais uma vez, para ler os dispositivos legais que têm conexão com o assunto.

Em seguida, leia a jurisprudência pertinente e o livro de doutrina de sua confiança, com o objetivo de rememorar os temas que apareceram naquela peça prática, tanto na parte de direito material, como na parte de direito processual.

Faça isso com todas as peças práticas. E continue anotando nos livros tudo o que já tiver lido.

Ao final desse terceiro passo você sairá com o *raciocínio jurídico* ainda mais apurado, com uma melhora substancial na *sua escrita* e também com ótimo conhecimento da *lei*, da *doutrina* e da *jurisprudência*.

3.7. 5º Passo – Verificar o que faltou

Sua tarefa, agora, é verificar o que faltou. Leia os temas doutrinários que ainda não foram lidos, por não terem relação alguma com as questões resolvidas neste livro. Confira também as súmulas e os informativos de jurisprudência que restaram. Se você fizer a marcação do que foi e do que não foi lido, não haverá problema em identificar o que está faltando. Faça a marcação com um lápis. Poder ser um "x" ao lado de cada precedente jurisprudencial lido e, quanto ao livro de doutrina, faça um "x" nos temas que estão no índice do livro. Nos temas mais importantes pode fazer um "x" e um círculo. Isso permitirá que você faça uma leitura dinâmica mais perto da prova, apenas para relembrar esses pontos.

Leia também as demais peças processuais que se encontram no livro e reserve o tempo restante para pesquisa de jurisprudência de anos anteriores e treinamento, muito treinamento. Para isso, reescreva as peças que já fez até chegar ao ponto em que sentir que pegou o jeito.

3.8. Dicas finais para resolver os problemas

Em resumo, recomendamos que você resolva as questões e as peças no dia da prova usando as seguintes técnicas:

a) leia o enunciado pelo menos duas vezes, a primeira para ter ideia do todo e a segunda para anotar os detalhes;

b) anote as informações, perguntas e solicitações feitas no enunciado da questão;
   – Ex.: qual é o vício? / fundamento / indique o dispositivo legal;

c) busque a resposta nas leis relacionadas;

d) promova uma tempestade de ideias e ANOTE TUDO o que for relacionado;
   – Ex.: leis, princípios, doutrina, jurisprudência, fundamentos, exemplos etc.;

e) agrupe as ideias e crie um esqueleto de resposta, respondendo às perguntas e solicitações feitas;

f) redija;

g) revise o texto, buscando erros gramaticais.

3.9. Dicas finais para o dia da prova

Por fim, lembre-se de que você está na reta final para a sua prova. Falta pouco. Avise aos familiares e amigos que neste último mês de preparação você estará um pouco mais ausente. Peça ajuda nesse sentido. E lembre-se também de que seu esforço será recompensado.

No dia da prova, tome os seguintes cuidados:

a) chegue com muita antecedência;
   - o Edital costuma determinar o comparecimento com antecedência mínima de 1 hora e 30 minutos do horário de início;
b) leve mais de uma caneta permitida;
   - a caneta deve ser azul ou preta, fabricada em material transparente;
   - não será permitido o uso de borracha e corretivo;
c) leve comprovante de inscrição + documento original de identidade, com foto;
d) leve água e chocolate;
e) se ficar nervoso: se você for religioso, faça uma oração antes de iniciar a prova; outra providência muito boa, havendo ou não religiosidade, é você fazer várias respirações profundas, de olhos fechados. Trata-se de uma técnica milenar para acalmar e concentrar. Além disso, antes de ir para a prova, escute suas músicas preferidas, pois isso acalma a dá um ânimo bom.

No mais, tenha bastante foco, disciplina, perseverança e fé!
Tenho certeza de que tudo dará certo.

Wander Garcia
Coordenador da Coleção

EXERCÍCIOS PRÁTICOS

1. NEGÓCIO JURÍDICO

(OAB/2ª FASE – XXXV) Rafael, ao chegar com seu filho gravemente doente em um hospital particular, concordou em pagar R$ 200.000,00 (duzentos mil reais), valor muito superior ao ordinariamente praticado, para submetê-lo a uma cirurgia cardíaca, imprescindível à manutenção de sua vida.

Rafael assinou confissão de dívida no valor acordado, mas, ante a ausência de condições financeiras para cumpri-la, desesperado, ligou para você, como advogado(a), para que avaliasse a possibilidade de ajuizamento de ação judicial, tendo em vista que não possuía o valor acima mencionado.

Sobre a situação hipotética apresentada, responda aos itens a seguir.

A) Essa situação caracteriza-se como causa de invalidade do negócio? (Valor: 0,65)

B) Caso Rafael se recuse a efetuar o pagamento, pode ser proposta ação judicial buscando unicamente tutela antecipada que ampare o direito da criança à vida? (Valor: 0,60)

Obs.: o(a) examinando(a) deve fundamentar suas respostas. A mera citação do dispositivo legal não confere pontuação.

GABARITO COMENTADO – EXAMINADORA

A) Sim, é causa de invalidação do negócio jurídico por se caracterizar o estado de perigo, segundo o Art. 156 ou Art. 171, II, ambos do CC.

B) Sim, ele pode propor a ação unicamente com o pedido de *tutela antecipada antecedente*, na forma do Art. 303 do CPC.

Distribuição dos Pontos

ITEM	PONTUAÇÃO
A. Sim, é causa de invalidação do negócio jurídico por se caracterizar o estado de perigo (0,55), segundo o Art. 156 **ou** Art. 171, inciso II, ambos do CC (0,10).	0.00;0.55;0.65
B. Sim, ele pode propor a ação unicamente com o pedido de tutela antecipada antecedente (0,50), na forma do Art. 303 do CPC (0,10).	0.00;0.50;0.60

RESPOSTA DO AUTOR

A) Sim, essa situação caracteriza invalidação do negócio jurídico por estado de perigo, nos termos do art. 156 do CC.

B) Sim, ele pode propor a ação unicamente com o pedido de tutela antecipada antecedente, na forma do Art. 303 do CPC, o qual prevê que quando a urgência for contemporânea à propositura da ação, a petição inicial pode limitar-se a ao requerimento da tutela antecipada e a indicação do pedido da tutela final, com a exposição da lide, do direito que se busca realizar e do perigo de dano.

2. OBRIGAÇÕES

(OAB/Exame Unificado – 2012.3 – 2ª fase) Renato, maior e capaz, efetuou verbalmente, no dia 07/03/2012, na cidade de João Pessoa, a compra de uma motocicleta usada por R$ 9.000,00, de Juarez, maior e capaz. Como Renato não tinha o dinheiro disponível para cumprir com sua obrigação e, visando solucionar este problema, ofereceu a Juarez um jet-ski, de valor equivalente como pagamento.

Com base em tal situação, utilizando os argumentos jurídicos apropriados e a fundamentação legal pertinente ao caso, responda aos itens a seguir.

A) É cabível efetivar o pagamento pelo meio sugerido por Renato? Justifique (Valor: 0,65).

B) Se Juarez recusasse a proposta de Renato, o pagamento se efetivaria mesmo assim? Justifique (Valor: 0,60).

GABARITO COMENTADO – EXAMINADORA

A) A hipótese trata de Dação em Pagamento, pois existia uma dívida e Renato ofereceu prestação diversa da anteriormente combinada, nos termos do art. 356 do CC.

B) Não é possível efetivar o instituto da Dação em Pagamento sem o consentimento de Juarez, pois tal consentimento é um dos três elementos constitutivos da Dação em Pagamento, nos termos do art. 356 ou do art. 313 do CC.

Distribuição dos Pontos

QUESITO AVALIADO	VALORES
A) Trata-se de Dação em Pagamento, o instituto que admite a forma de extinção da obrigação adotada por Renato (0,40), nos termos do art. 356, do CC (0,25). Obs.: A mera citação do artigo não pontua.	0,00 / 0,40 / 0,65
B) Não, o consentimento de Juarez é um dos três elementos constitutivos da dação em pagamento, (0,40) nos termos do art. 356 ou do art. 313, do CC (0,20). Obs.: A mera citação do artigo não pontua.	0,00 / 0,40 / 0,60

(OAB/Exame Unificado – 2012.1 – 2ª fase) Carlos, arquiteto famoso e extremamente talentoso, assina um contrato de prestação de serviços com Marcelo, comprometendo-se a elaborar e executar um projeto de obra de arquitetura no prazo de 06 (seis) meses. Destaque-se, ainda, que Marcelo procurou os serviços de Carlos em virtude do respeito e da reputação que este possui em seu ramo de atividade. Entretanto, passado o prazo estipulado e, após tentativas frustradas de contato, Carlos não realiza o serviço contratado, não restando alternativa para Marcelo a não ser a propositura de uma ação judicial.

Diante do caso concreto, responda fundamentadamente:

A) Tendo em vista tratar-se de obrigação de fazer infungível (personalíssima), de que maneira a questão poderá ser solucionada pelo Poder Judiciário? (valor: 0,65)

B) Considere que em uma das cláusulas contratuais estipuladas, Carlos e Marcelo, em vez de adotarem o prazo legal previsto no Código Civil, estipulam um prazo contratual de prescrição de 10 anos para postular eventuais danos causados. Isso é possível? (valor: 0,60)

GABARITO COMENTADO – EXAMINADORA

A) Existem duas opções: a tutela específica da obrigação (que deverá ser cumprida pelo devedor, visto se tratar de obrigação infungível), sendo possível a fixação de astreintes ou a resolução em perdas e danos, se assim o autor requerer ou se for impossível a obtenção da tutela específica, nos termos do art. 461 do CPC ou artigos 247 ou 248 do CC.

B) A justificativa da prescrição é a segurança jurídica. O que se quer é evitar que um conflito de interesses permaneça em aberto por prazo indeterminado. Então, todo conflito de interesses caracterizado pela violação de um direito prescreve. E quem determina o prazo de prescrição será sempre a Lei, consoante art. 192 do Código Civil.

Distribuição dos Pontos:

QUESITO AVALIADO	FAIXA DE VALORES
A) Identificação da tutela específica da obrigação, que deverá ser cumprida pelo próprio devedor, posto se tratar de obrigação infungível ou da possibilidade de indenização por perdas e danos. (0,45), nos termos do art. 461 do CPC ou artigos 247 ou 248 do CC (0,20). Obs.: A mera menção dos dispositivos legais não pontua	0,00/0,45/0,65.
B) Os prazos prescricionais são sempre legais (0,40), conforme art. 192 do Código Civil (0,20). Obs.: A mera menção dos dispositivos legais não pontua.	0,00/ 0,40/0,60.

3. CONTRATOS

(OAB/Exame Unificado – 2018.1 – 2ª fase) A sociedade empresária Madeira Certificada Ltda. firmou com Só Móveis Ltda. um contrato de fornecimento de material, visando ao abastecimento de suas indústrias moveleiras. Depois de dois anos de relação contratual, Só Móveis deixou de pagar as notas fiscais emitidas por Madeira Certificada, alegando dificuldades financeiras, o que levou à rescisão do contrato, restando em aberto os pagamentos do fornecimento de material dos meses de outubro, novembro e dezembro de 2015. Madeira Certificada, de posse do contrato, firmado por duas testemunhas, das notas fiscais e de declaração subscrita pela sociedade reconhecendo a existência da dívida, ajuizou execução de título extrajudicial em 01/04/2016.

Citada, a sociedade empresária Só Móveis não efetuou o pagamento, e a tentativa de penhora on-line de dinheiro e de bens imóveis foi infrutífera, não tendo sido localizado patrimônio para satisfação do crédito. Madeira Certificada constatou, contudo, que um dos sócios administradores da Só Móveis havia tido um acréscimo substancial de patrimônio nos últimos dois anos, passando a ser proprietário de imóvel e carros, utilizados, inclusive, pela devedora.

Diante de tal situação, responda aos itens a seguir.

A) O que a sociedade empresária Madeira Certificada deve alegar para fundamentar a extensão da responsabilidade patrimonial e possibilitar a satisfação do crédito? (Valor: 0,70)

B) Com base em tal alegação, qual seria a medida processual incidental adequada para estender a responsabilidade patrimonial e possibilitar a satisfação do crédito? (Valor: 0,55)

Obs.: o(a) examinando(a) deve fundamentar as respostas. A mera citação do dispositivo legal não confere pontuação.

GABARITO COMENTADO

A) Madeira Certificada deve alegar que a ocorrência de confusão patrimonial evidencia abuso da personalidade jurídica, com o objetivo de que seja desconsiderada a personalidade jurídica, e de que os bens do sócio administrador respondam pelas dívidas da sociedade Só Móveis, nos termos do art. 50 do Código Civil.

B) A medida processual para que os bens do responsável fiquem sujeitos à execução, no caso de abuso da personalidade jurídica (art. 790, inciso VII, do CPC/15), é o incidente de desconsideração da personalidade jurídica (art. 795, § 4º, do CPC/15), previsto no art. 134 do CPC/15, aplicável à execução.

Distribuição dos Pontos

ITEM	PONTUAÇÃO
A. Desconsideração da personalidade jurídica (0,35) em face da confusão patrimonial (0,25), na forma do Art. 50 do Código Civil (0,10).	0,00 / 0,25 / 0,35 / 0,45 / 0,60 / 0,70
B. A medida processual para que os bens do responsável fiquem sujeitos à execução é o incidente de desconsideração da personalidade jurídica (0,45), na forma do Art. 133 **OU** 134 do CPC/15 (0,10).	0,00/0,45/0,55

(**OAB/2ª FASE – XXXII**) Augusto celebrou com o *Banco Mais Dinheiro* contrato de empréstimo, tendo Miguel, seu irmão, atuado na condição de fiador com solidariedade.

Augusto e Miguel, considerando o elevado valor dos reajustes aplicados, ajuizaram ação em face da instituição financeira, questionando os critérios matemáticos utilizados para a atualização da quantia devida. Miguel pleiteou, ainda, a extinção da fiança, sob a alegação de que o réu havia concedido moratória a Augusto, sem o seu consentimento.

Na contestação apresentada, o banco opôs-se à extinção da fiança, unicamente sob a alegação de que a responsabilidade dos devedores era solidária. Afirmou, ainda, não ter provas a produzir quanto ao ponto.

Quanto ao excesso de cobrança alegado, sustentou estarem certos os valores cobrados e requereu a produção de prova pericial para demonstrar o alegado.

Sobre tais fatos, responda aos itens a seguir.

A) Em relação à extinção da fiança, deve ser acolhida a alegação de Miguel ou a do *Banco Mais Dinheiro*? Justifique. (Valor: 0,65)

B) O juiz poderá examinar o pedido de extinção da fiança antes da produção de prova pericial contábil? Justifique. (Valor: 0,60)

Obs.: o(a) examinando(a) deve fundamentar suas respostas. A mera citação do dispositivo legal não confere pontuação.

RESPOSTAS

A) Deve ser acolhida a alegação de Miguel, uma vez que a fiança se extingue se for concedida moratória ao devedor sem o seu consentimento, ainda que a responsabilidade seja solidária, nos termos do Art. 838, inciso I, do CC.

B) Sim, o juiz poderá decidir parcialmente o mérito, julgando desde logo o pedido de extinção da fiança, já que esse pedido está em condições de imediato julgamento, nos termos do Art. 356, inciso II, do CPC.

GABARITO COMENTADO – EXAMINADORA

A) Sim. A alegação de Miguel deve ser acolhida, uma vez que a fiança se extingue se for concedida moratória ao devedor sem o seu consentimento, ainda que a responsabilidade seja solidária, nos termos do Art. 838, inciso I, do CC.

B) Sim, o juiz poderá decidir parcialmente o mérito, julgando desde logo o pedido de extinção da fiança, nos termos do Art. 356, inciso II, do CPC, já que esse pedido está em condições de imediato julgamento.

Distribuição dos Pontos

ITEM	PONTUAÇÃO
A. A alegação de Miguel deve ser acolhida, uma vez que a fiança se extingue se for concedida moratória ao devedor sem o seu consentimento (0,40), ainda que a responsabilidade seja solidária (0,15), nos termos do Art. 838, inciso I, do CC (0,10).	0,00/0,40 0,50/0,55/0,65
B. Sim, o juiz poderá decidir parcialmente o mérito (0,30), julgando desde logo o pedido de extinção da fiança, já que esse pedido está em condições de imediato julgamento (0,20), nos termos do Art. 356, inciso II, do CPC (0,10).	0,00/0,20/0,30/ 0,40/0,50/0,60

(**OAB/2ª FASE – XXXIII**) Carlos, sócio da *sociedade empresária Tecnologia da Comunicação Ltda.*, negocia com Bárbara, sócia do *Hotel Contemporâneo Inc.*, a implantação de sistema de Internet sem fio avançado na rede de hotéis, assim como o desenvolvimento de um aplicativo multifuncional. Toda a negociação é realizada via *e-mail*, após contato inicial em uma feira de *startup*.

Após várias tratativas, no dia 31/12/2019, às 15h36min, Bárbara envia, por *e-mail*, a proposta definitiva de remuneração, com a delimitação dos serviços oferecidos e pagamento de R$ 300.000,00 por ano de contrato. Carlos, que estava de férias, tomou conhecimento da proposta ao olhar os *e-mails* em seu telefone celular, enviando o aceite, no dia 01/01/2020, à 01h14min. Bárbara, diante disso, faz o depósito imediato, via TED bancária, da primeira anualidade, nas horas iniciais da manhã do dia 02/01/2020.

Passadas as festividades, na tarde do dia 02/01/2020, às 15h30min, Carlos relê seus *e-mails* e percebe, com mais atenção, que ele havia entendido errado a proposta de remuneração, compreendendo equivocadamente que ocorreria pagamentos mensais de R$ 300.000,00, ao invés da proposta de remuneração anual.

De súbito, Carlos realiza uma ligação para Bárbara e pede para ela desconsiderar a aceitação enviada, pois estava arrependido e preferiria estudar melhor a proposta, antecipando desde já que a recusaria naqueles termos.

Bárbara, então, afirma que diante da comunicação escrita, via eletrônica, considerou o contrato como celebrado, dando início à execução, informando inclusive que já realizou o pagamento. Carlos se prontifica a devolver o depósito.

Diante deste impasse, Bárbara consulta você, como advogado(a), para orientá-la acerca do caso e da viabilidade de propor uma ação que vise a exigir de Carlos a prestação dos serviços delineados na proposta.

A) O contrato pode ser considerado como celebrado? Justifique. (Valor: 0,65)

B) Independentemente da questão de direito material, é cabível o ajuizamento de ação monitória? Justifique. (Valor: 0,60)

Obs.: *o(a) examinando(a) deve fundamentar suas respostas. A mera citação do dispositivo legal não confere pontuação.*

RESPOSTAS:

A) Sim, o contrato pode ser considerado como celebrado. A negociação realizada por correio eletrônico (*e-mail*) é qualificada como "entre ausentes", diante da ausência de interatividade imediata entre os interlocutores, aplicando-se o disposto no Art. 434 do Código Civil, que consagra a "teoria da expedição" como regra, ressalvando as exceções dos incisos I, II e III do aludido artigo. Na hipótese vertente, contudo, a comunicação telefônica, um (1) dia após a aceitação e em momento posterior ao pagamento da prestação da parte contrária, não pode ser considerada como retratação eficaz, consubstanciada no Art. 433 c/c. o Art. 434, inciso I, do Código Civil. Portanto, segue-se a regra segundo a qual "*os contratos entre ausentes tornam-se perfeitos desde que a aceitação é expedida.*"

B) Sim é cabível ação monitória. Considerando que a troca de e-mails, em que constam a proposta e a aceitação expressa, deve ser considerada como prova escrita, a ação monitória pode ser proposta por aquele que afirmar, com base em prova escrita sem eficácia de título executivo, ter direito de exigir do devedor capaz o adimplemento de obrigação de fazer, nos moldes do Art. 700, inciso III, do CPC.

GABARITO COMENTADO – EXAMINADORA

A) Sim. A negociação realizada por correio eletrônico (*e-mail*) é qualificada como "entre ausentes", diante da ausência de interatividade imediata entre os interlocutores, aplicando-se o disposto no Art. 434 do Código Civil, que consagra a "teoria da expedição" como regra, ressalvando as exceções dos incisos I, II e III do aludido artigo. Na hipótese vertente, contudo, a comunicação telefônica, um (1) dia após a aceitação e em momento posterior ao pagamento da prestação da parte contrária, não pode ser considerada como retratação eficaz, consubstanciada no Art. 433 c/c. o Art. 434, inciso I, do Código Civil. Portanto, segue-se a regra segundo a qual "*os contratos entre ausentes tornam-se perfeitos desde que a aceitação é expedida.*"

B) Sim. Considerando que a troca de e-mails, em que constam a proposta e a aceitação expressa, deve ser considerada como prova escrita, a ação monitória pode ser proposta por aquele que afirmar, com base em prova escrita sem eficácia de título executivo, ter direito de exigir do devedor capaz o adimplemento de obrigação de fazer, nos moldes do Art. 700, inciso III, do CPC.

Distribuição dos Pontos

ITEM	PONTUAÇÃO
A. Sim. Os contratos entre ausentes consideram-se celebrados desde que a aceitação é expedida, não havendo retratação legítima por parte do aceitante/oblato (0,55), na forma do Art. 434, *caput,* do CC (0,10).	0,00/0,55/0,65
B. Sim. Em havendo prova escrita, a ação monitória é adequada para o credor exigir do devedor o adimplemento da obrigação de fazer (0,50), na forma do Art. 700, inciso III, do CPC (0,10).	0,00/0,50/0,60

(OAB/2ª FASE – XXXIV) Ricardo comprou de Wagner um pequeno imóvel residencial no centro da cidade, objetivando locar o bem a terceiros e fazer dele uma fonte de renda. Poucos meses após a compra, Ricardo celebrou seu primeiro contrato de locação do imóvel, com o inquilino Tiago, pelo prazo determinado de um ano.

Nesse mesmo dia, Ricardo foi citado em ação judicial movida contra ele por Valéria. Na ação, a autora reivindica o imóvel (do qual afirma ser a legítima proprietária) e demonstra, já no acervo probatório acostado à petição inicial, que Wagner fraudou documentos para se fazer passar por dono do bem. A surpresa de Ricardo foi enorme, pois jamais suspeitara de qualquer irregularidade na contratação com Wagner.

À luz dos fatos descritos, responda aos itens a seguir.

A) Caso venha a perder o imóvel em favor de Valéria, quais valores pode Ricardo exigir de Wagner e a que título? Justifique. (Valor: 0,65)

B) Pode Ricardo exigir de Wagner tais valores no âmbito da própria ação movida por Valéria? Justifique. (Valor: 0,60)

Obs.: o(a) examinando(a) deve fundamentar suas respostas. A mera citação do dispositivo legal não confere pontuação.

RESPOSTAS:

A) Caso venha a sofrer a evicção do imóvel, Ricardo faz jus não apenas à restituição do preço pago pela coisa, mas também à indenização dos lucros cessantes referentes aos aluguéis, que obteria de Tiago pelo prazo de um ano e que deixou de auferir em decorrência da perda da coisa, das despesas de contrato, custas judiciais e honorários advocatícios, conforme o Art. 450 do CC.

B) Sim. Faculta-se a Ricardo promover a denunciação da lide a Wagner, alienante imediato do bem, para exercer os direitos que da evicção lhe resultam, nos termos do Art. 125 inciso I do CPC.

GABARITO COMENTADO – EXAMINADORA

A) Caso venha a sofrer a evicção do imóvel, Ricardo faz jus não apenas à restituição do preço pago pela coisa, mas também à indenização dos lucros cessantes referentes aos aluguéis, que obteria de Tiago pelo prazo de um ano e que deixou de auferir em decorrência da perda da coisa, das despesas de contrato, custas judiciais e honorários advocatícios, conforme o Art. 450 do CC.

B) Sim. Faculta-se a Ricardo promover a denunciação da lide a Wagner, alienante imediato do bem, para exercer os direitos que da evicção lhe resultam, nos termos do Art. 125 inciso I do CPC.

Distribuição dos Pontos

ITEM	PONTUAÇÃO
A1. A hipótese é de evicção (0,15), que garante a Ricardo o direito à restituição do preço pago pelo imóvel (0,10), nos termos do Art. 450, do CC (0,10).	0,00/0,15/0,25/0,35
A2. E também dos lucros cessantes relativos aos aluguéis que deixará de auferir (0,10).	0,00/0,10
A3. Despesas de contratos (0,10).	0,00/0,10
A4. Custas judiciais e honorários advocatícios (0,10).	0,00/0,10
B. Sim. Ricardo poderá denunciar a lide (0,30), a Wagner, alienante imediato para exercer os direitos decorrentes da evicção (0,20), nos termos do Art. 125 inciso I do CPC (0,10).	0,00/0,30 0,40/0,50/0,60

4. COMPRA E VENDA

(OAB/Exame Unificado – 2017.1 – 2ª fase) Em 10 de maio de 2016, Pedro, comprador, celebrou contrato de compra e venda com Bruno, vendedor, cujo objeto era uma motocicleta seminova (ano 2013), modelo X, pelo preço de R$ 10.000,00, pagos à vista.

Em setembro de 2016, Pedro foi citado para responder a ação na qual Anderson alegava ser proprietário da referida moto. Sem entender a situação e com receio de perder o bem, Pedro ligou imediatamente para Bruno, que lhe respondeu não conhecer Anderson e não ter nenhuma relação com o problema, pois se trata de fato posterior à venda da moto, ainda afirmando que "Pedro resolva diretamente com Anderson e procure seus direitos na justiça".

Com base nos fatos narrados, responda aos itens a seguir.

A) Qual a responsabilidade de Bruno caso Pedro venha a perder o bem por sentença judicial? Fundamente com o instituto de Direito Civil adequado, indicando as verbas do ressarcimento devido **(Valor: 0,80)**.

B) Como Pedro deverá proceder caso queira discutir a responsabilidade de Bruno na própria ação reivindicatória ajuizada por Anderson? Fundamente com o instituto de direito processual adequado **(Valor: 0,45)**.

Obs.: o examinando deve fundamentar suas respostas. A mera citação do dispositivo legal não confere pontuação.

GABARITO COMENTADO

A) Bruno responde pela evicção, caso Pedro perca o bem (moto) por sentença judicial em favor de Anderson, conforme o art. 447 do Código Civil. Além da restituição integral do preço, Pedro deverá ser indenizado por Bruno das despesas do contrato e de outros prejuízos que diretamente resultem da evicção, além das custas judiciais e dos honorários advocatícios, nos termos do art. 450 do CC.

B) Para exercer os direitos oriundos da evicção na própria ação reivindicatória, Pedro deverá denunciar-lhe a lide, nos termos do art. 125, inciso I, do CPC/15.

Tabela de Pontos

ITEM	PONTUAÇÃO
A. Responsabilidade pela evicção (0,30), conforme o Art. 447 do CC (0,10). Além da restituição integral do preço, a responsabilidade do alienante inclui despesas do contrato e outros prejuízos que diretamente resultem da evicção, além das custas judiciais e dos honorários advocatícios (0,30), nos termos do Art. 450 do CC (0,10).	0,00/0,30/0,40/ 0,60/0,70/0,80
B. Denunciação da lide (0,35), nos termos do Art. 125, inciso I, do CPC/15 (0,10).	0,00/0,35/0,45

(OAB/Exame Unificado – 2016.1 – 2ª fase) No dia 14/07/2015, João, estando em São Caetano do Sul (SP) interessado em vender seu carro usado, enviou mensagem via celular para Maria, na qual indicava o preço mínimo do bem (quinze mil reais, com pagamento à vista), as condições físicas do automóvel e a informação sobre a inexistência de ônus sobre o objeto do negócio jurídico. Maria, em Birigui (SP), tendo recebido e lido de pronto a mensagem de João e, sem que houvesse prazo específico para a aceitação da proposta, deixa de respondê-la imediatamente.

No dia 16/07/2015, Maria responde a João, via mensagem por celular, informando ter interesse em comprar o veículo, desde que o preço fosse parcelado em sete vezes. Contudo, João informa a Maria que o veículo fora vendido na véspera.

Tendo em vista o enunciado, responda aos itens a seguir.

A) A oferta de João foi feita entre pessoas presentes ou ausentes? **(Valor: 0,65)**

B) A resposta de Maria, a partir do momento em que envia mensagem via celular a João alterando as condições do que fora originalmente ofertado, poderia qualificá-la como mera proposta? **(Valor: 0,60)**

Obs.: o examinando deve fundamentar suas respostas. A mera citação do dispositivo legal não confere pontuação.

GABARITO COMENTADO

A) Trata-se de proposta feita entre pessoas juridicamente *"presentes"*, visto que a tecnologia permitiu a cognoscibilidade da oferta e a possibilidade de resposta imediata, ainda que estivessem fisicamente em locais diversos.

B) A partir do momento em que Maria alterou o escopo da oferta original, saiu do papel de *proposta/aceitação* para se tornar proponente de uma nova proposta, na forma do art. 431 do Código Civil.

Distribuição dos Pontos

ITEM	PONTUAÇÃO
A. Trata-se de proposta feita entre pessoas juridicamente *"presentes"* (0,10), pelo fato de que a houve a possibilidade de conhecimento da proposta e resposta imediata (0,45), na forma do Art. 428, I, do Código Civil (0,10)	0,00 / 0,10 / 0,20 / 0,45 / 0,55 / 0,65
B. Sim. Maria se tornou proponente/policitante, no momento em que realizou nova proposta (0,50), nos termos do Art. 431 do Código Civil (0,10)	0,00 / 0,50 / 0,60

(**OAB/Exame Unificado – 2015.3 – 2ª fase**) Guilherme efetuou a compra do televisor de seu amigo Marcelo, que estava em dificuldades financeiras. Todavia, após 02 (dois) meses de uso por Guilherme, o referido bem passou a apresentar problemas. Registre-se, ainda, que, no momento da venda, Marcelo já tinha ciência da existência do problema, tendo-se omitido quanto ao fato, eis que sabia que o mesmo só seria conhecido por Guilherme em momento posterior.

Em face da situação apresentada, responda, de forma fundamentada, aos itens a seguir.

A) Quais as medidas cabíveis na presente hipótese e quais as pretensões que poderão ser deduzidas em juízo por Guilherme? (**Valor: 0,65**)

B) Suponha que Guilherme tenha ingressado com a medida judicial cabível logo após o aparelho apresentar defeito e que Marcelo, ao apresentar contestação, alegue a decadência do direito invocado por Guilherme, uma vez que foi ultrapassado o prazo de 30 (trinta) dias previsto no Código Civil. No caso ora analisado, o argumento de Marcelo procede? (**Valor: 0,60**)

Obs.: o examinando deve fundamentar suas respostas. A mera citação do dispositivo legal não confere pontuação.

GABARITO COMENTADO

A) A questão trata do tema vício redibitório, conforme preconiza o art. 441 do Código Civil. Na hipótese, considerando se tratar de vício redibitório, o adquirente poderá rejeitar a coisa, redibindo o contrato (ação de rescisão), ou, ainda, poderá reclamar o abatimento do preço (ação *quanti minoris*), consoante disposto no art. 442 do Código Civil. Ademais considerando que o alienante conhecia o vício ou defeito da coisa, como o próprio enunciado da questão denota, caso se opte pela restituição do valor, poderá ser pleiteado o pagamento de perdas e danos (art. 443 do Código Civil). Igualmente será considerada a hipótese do candidato apontar a existência de dolo por omissão, atacável por ação de anulação de negócio jurídico com cabimento de perdas e danos.

B) O argumento de Marcelo não procede. Como se trata de vício oculto que somente poderia ser conhecido mais tarde, Guilherme tem o prazo de 180 dias, contados a partir do descobrimento do vício, para o ajuizamento da ação cabível. É exatamente isto que preconiza o art. 445, § 1º: *"Quando o vício, por sua natureza, só puder ser conhecido mais tarde, o prazo contar-se-á do momento em que dele tiver ciência, até o prazo máximo de 180 dias, em se tratando de bens móveis; e de um ano, para os imóveis".*

Distribuição dos Pontos

ITEM	PONTUAÇÃO
GABARITO VÍCIO REDIBITÓRIO	
A.1. O examinando deverá identificar que, por se tratar de hipótese de vício redibitório, caberá ao adquirente a rejeição da coisa (ação redibitória) (0,20), ou, ainda, o abatimento do preço (ação *quanti minoris*) (0,15).	0,00 / 0,15/ 0,20 / 0,35
A.2. O candidato deve perceber, ainda, que o alienante conhecia o vício ou defeito da coisa, razão pela qual pode ser pleiteado o pagamento de perdas e danos (0,20), nos termos do Art. 443 do Código Civil (0,10).	0,00 / 0,20 / 0,30
B1. O argumento de Marcelo não procede, não havendo que se falar em decadência, pois se trata de vício oculto que somente poderia ser conhecido mais tarde (0,25), Guilherme tem o prazo de 180 dias, contados a partir do descobrimento do vício, para o ajuizamento da ação cabível (0,25) nos termos do Art. 445, § 1º, do CC (0,10).	0,00 / 0,25 / 0,35 / 0,50 / 0,60
GABARITO DOLO POR OMISSÃO	
Gabarito Dolo por omissão A.1. Alegação de dolo por omissão, que gera a anulabilidade do negócio jurídico, através de ação de anulação de negócio jurídico. (0,25) Conforme Art. 147 e 171, inc. II, do CC. (0,10).	0,00 / 0,25 / 0,35
A.2. Deverá indicar o cabimento de perdas e danos (0,20). Conforme Art. 186, do CC E/ OU Art. 927, CC (0,10).	0,00 / 0,20 / 0,30
B2. O argumento de Marcelo não procede, não havendo que se falar em decadência, pois se trata de ação anulatória por omissão dolosa (0,25), cujo prazo decadencial é de quatro anos para o ajuizamento da ação cabível (0,25) nos termos do Art. 178, inc. II do CC (0,10).	0,00 / 0,25 / 0,35 / 0,50 / 0,60

(OAB/Exame Unificado – 2014.2 – 2ª fase) Ester, artesã, maior e capaz, entregou a Diogo, empresário, maior e capaz, oitenta esculturas de argila para que fossem vendidas em sua loja. Ficou ajustado no contrato, ainda, que, decorridos dois meses, Diogo pagaria a Ester o valor de vinte reais por escultura vendida, cabendo-lhe restituir à artesã as esculturas que porventura não tivessem sido vendidas no referido prazo. Decorrido um mês, Diogo constatou que estava encontrando grandes dificuldades para vender as esculturas, o que o levou a promover uma liquidação em sua loja, alienando cada escultura por dez reais. A liquidação foi bem-sucedida, ocasionando a venda de setenta e cinco esculturas. Transcorrido o prazo previsto no contrato, Ester procura Diogo, solicitando que ele pague o preço ajustado relativo às esculturas vendidas, bem como que restitua aquelas remanescentes. Diante disso, Diogo decide consultar um advogado.

Na condição de advogado(a) consultado(a) por Diogo, responda aos itens a seguir, utilizando os argumentos jurídicos apropriados e a fundamentação legal pertinente ao caso.

A) Deverá Diogo pagar a Ester o preço inicialmente ajustado por cada escultura vendida? (Valor: 0,65)

B) Independentemente da resposta ao item anterior, Diogo pode deduzir do preço inicialmente ajustado o valor por ele pago referente aos custos regulares de conservação das esculturas durante o período em que as colocou à venda? (Valor: 0,60)

GABARITO COMENTADO

A) Sim, de acordo com o art. 534, CC/02. Por se tratar de contrato estimatório ou de consignação, cabe a Diogo (consignatário ou *accipiens*) pagar a Ester (consignante ou *tradens*) vinte reais por escultura alienada, independentemente do valor de venda das esculturas a terceiros.

Destaque-se que esta questão tem como escopo verificar se o examinando identifica a espécie de contrato em análise como contrato estimatório ou de consignação e se fundamenta a sua resposta de acordo com as normas e princípios que regem especificamente essa modalidade contratual.

B) Não, de acordo com os artigos 400 ou 535 do CC, no contrato estimatório, por ser dever do consignatário restituir a coisa não vendida, cabe a ele arcar com as despesas necessárias à sua conservação, sem deduzi-las do preço a ser pago à consignante.

Distribuição dos Pontos

ITEM	PONTUAÇÃO
A. Sim. Diogo deve pagar o valor inicialmente ajustado porque é consignatário ou accipiens (0,55), de acordo com o Art. 534, CC/02 (0,10).	0,00 – 0,55 – 0,65
B. Não. Sendo Diogo o consignatário da relação contratual ele assume o ônus de arcar com as despesas de conservação (0,50), nos termos do Art. 400 ou do Art. 535 CC/02 (0,10).	0,00 – 0,50 – 0,60

(OAB/Exame Unificado – 2014.2 – 2ª fase) Em julho de 2011, Rufus, taxista, adquiriu um automóvel seminovo, obrigando-se perante Jonas, vendedor, a pagar o preço em 30 (trinta) prestações mensais de R$ 2.000,00 (dois mil reais). No contrato de compra e venda, constou expressamente que o atraso de mais de 5 (cinco) dias no pagamento de qualquer das parcelas provocaria a resolução automática do contrato, com a perda das parcelas pagas. Em novembro de 2013, Rufus, enfrentando dificuldade financeira, deixou de efetuar o pagamento da parcela devida. Passados 12 (doze) dias do vencimento, Rufus oferece a Jonas dois relógios no valor de R$ 1.000,00 cada um. Jonas recusa a oferta e propõe, em seguida, ação judicial de resolução do contrato, com pedido liminar de busca e apreensão do veículo.

Responda, fundamentadamente, aos itens a seguir.

A) A ação de resolução do contrato deve ter seu pedido julgado procedente? (Valor: 0,75)

B) Jonas é obrigado a aceitar os relógios? (Valor: 0,50)

GABARITO COMENTADO

A) Não. Como, em novembro de 2013, já terão sido pagas 28 das 30 parcelas, aplica-se aqui a teoria do adimplemento substancial. Tal teoria, embora não encontre expresso acolhimento no Código Civil, já se encontra sedimentada na jurisprudência. O adimplemento substancial impede o exercício do direito de resolução, por ser abusivo nas hipóteses em que o débito em aberto é pouco significativo diante da parcela da obrigação já adimplida.

B) Não. Jonas não é obrigado a aceitar os relógios. Trata-se de dação em pagamento, instituto que não prescinde do consentimento do credor (Código Civil, art. 356 ou art. 313). Jonas pode continuar cobrando a dívida, estando impedido apenas de promover a resolução do contrato, medida excessivamente gravosa diante do percentual representado pelo inadimplemento.

Distribuição dos Pontos

ITEM	PONTUAÇÃO
A. Não. Como, em novembro de 2013, já terão sido pagas 28 das 30 parcelas, aplica-se aqui a teoria do adimplemento substancial. (0,40). O adimplemento substancial impede o exercício do direito de resolução, por abusivo nas hipóteses em que o débito em aberto é pouco significativo diante da parcela da obrigação já adimplida. (0,35)	0,00 – 0,35 – 0,40 – 0,75
B. Não. Jonas não é obrigado a aceitar os relógios, porque constitui prestação diversa da contratada. Tratar-se-ia de dação em pagamento, instituto que não prescinde do consentimento do credor (0,40). (Código Civil, Art. 356 ou Art. 313). (0,10)	0,00 – 0,40 – 0,50

5. DOAÇÃO

(OAB/2ª FASE – XXXII) Marcos é casado sob regime de comunhão parcial de bens com Amália. Em virtude de desavenças no relacionamento, o casal acabou se distanciando. Com o iminente fim da relação conjugal, Amália descobriu que Marcos estava prestes a realizar a doação de um automóvel adquirido onerosamente por ambos na constância do casamento. Tendo justo motivo para discordar da doação, Amália procurou seu advogado e ingressou com pedido de tutela cautelar antecedente, com o objetivo de evitar a realização do negócio. A tutela cautelar foi concedida em 12/04/2019, porém, em razão da desídia da autora, não foi efetivada. Nos mesmos autos, foi formulado o pedido principal em 19/06/2019, requerendo que fosse declarada a impossibilidade da doação.

Tendo em vista o caso exposto, responda aos itens a seguir.

A) A eficácia da tutela cautelar concedida deve ser mantida? (Valor: 0,60)

B) Caso a doação venha a ser efetivada, ela é válida? (Valor: 0,65)

Obs.: o(a) examinando(a) deve fundamentar suas respostas. A mera citação do dispositivo legal não confere pontuação.

GABARITO COMENTADO

A) Não, a eficácia da tutela cautelar não deve ser mantida, eis que não foi efetivada no prazo de 30 (trinta) dias, conforme determina o Art. 309, inciso II, do CPC.

B) Não. Se a doação for efetivada ela será inválida (anulável), na forma do Art. 1.649 do CC, em razão da ausência de autorização do outro cônjuge (outorga conjugal), nos termos do Art. 1647, inciso IV, do CC. Nenhum dos cônjuges pode fazer doação de bens comuns ou que possam integrar futura meação, como ocorre no caso descrito, eis que o bem foi adquirido na constância do casamento.

GABARITO COMENTADO – EXAMINADORA

A) A tutela cautelar concedida perderá a eficácia, eis que não foi efetivada no prazo de 30 (trinta) dias por desídia da autora, conforme determina o Art. 309, inciso II, do CPC.

B) Não. A doação é anulável, na forma do Art. 1.649 do CC, em razão da ausência de autorização do outro cônjuge (outorga conjugal), nos termos do Art. 1647, inciso IV, do CC. Nenhum dos cônjuges pode fazer doação de bens comuns ou que possam integrar futura meação, como ocorre no caso descrito, eis que o bem foi adquirido na constância do casamento.

Distribuição dos Pontos

ITEM	PONTUAÇÃO
A. Não. A tutela cautelar concedida perderá a eficácia, eis que não foi efetivada no prazo de 30 (trinta) dias (0,50), conforme determina o Art. 309, inciso II, do CPC (0,10).	0,00/0,50/0,60
B. Não. A doação seria inválida, anulável, eis que nenhum dos cônjuges pode, sem a autorização do outro, fazer doação de bens comuns ou que possam integrar futura meação (0,55), de acordo com o Art. 1.647, inciso IV, **ou** Art. 1.649, ambos do CC (0,10).	0,00/0,55/0,65

(OAB/Exame Unificado – 2017.1 – 2ª fase) Poucos anos antes de morrer, Silas vendeu, no ano de 2012, por dois milhões de reais, a cobertura luxuosa onde residia. Com o dinheiro da venda, comprou, no mesmo ano, dois apartamentos em um mesmo prédio, cada um avaliado em trezentos mil reais, e mudou-se para um deles. Doou o outro imóvel para sua filha Laura e seu genro Hélio, local onde o casal passou a morar. Mesmo sem o consentimento dos demais herdeiros, Silas fez questão de registrar, na escritura de doação, que a liberalidade era feita em favor do casal, não mencionando, todavia, se seria ou não adiantamento de legítima.

Silas morreu no dia 20 de março de 2016 e deixou, além de Laura, dois outros herdeiros: Mauro e Noel, netos oriundos do casamento de um filho pré-morto, Wagner. O processo de inventário foi iniciado poucos dias depois de sua morte. Laura foi nomeada inventariante e apresentou as primeiras declarações em setembro de 2016, sem mencionar o imóvel em que reside.

Diante desses fatos, responda aos itens a seguir.

A) A doação realizada é válida? **(Valor: 0,65)**

B) Há fundamento no direito processual que obrigue Laura a declarar o imóvel? **(Valor: 0,60)**

Obs.: o examinando deve fundamentar suas respostas. A mera citação do dispositivo legal não confere pontuação.

GABARITO COMENTADO

A) A doação é válida. Em relação a Helio (genro), porque o valor do imóvel não ultrapassa a metade do patrimônio de Silas (art. 549, CC) e, em relação a Laura (filha), porque traduz adiantamento de legítima e, pois, não necessita da anuência dos demais herdeiros (art. 544 do CC).

B) Laura está obrigada a declarar o bem que recebeu por liberalidade não só pelo fato de ser herdeira (art. 639 do CPC/15), mas também por ser inventariante (art. 620, inciso IV, do CPC/15).

Distribuição dos Pontos

ITEM	PONTUAÇÃO
A. A doação é válida, porque o valor do imóvel não ultrapassa a metade do patrimônio de Silas (0,25), cujo limite é disposto no Art. 549 do CC (0,10) e, porque, traduzindo adiantamento de legítima, não necessita da anuência dos demais herdeiros (0,20), conforme Art. 544 do CC (0,10).	0,00 / 0,20 / 0,25 / 0,30 / 0,35 / 0,45 / 0,55 / 0,65
B. Laura está obrigada a declarar o bem que recebeu por liberalidade por ser herdeira (0,50), conforme o Art. 639 do CPC/15 (0,10) **OU** por ser inventariante (0,50), conforme o Art. 620, inciso IV, do CPC/15 (0,10).	0,00/0,50/0,60

(**OAB/Exame Unificado – 2016.3 – 2ª fase**) Ronaldo tem um crédito de R$ 20.000,00 com Celso. O referido crédito foi proveniente de contrato de mútuo celebrado entre as partes, subscrito por duas testemunhas. Apesar do vencimento da obrigação, Celso não cumpre o avençado.

Ronaldo propõe ação de execução para o adimplemento da obrigação, restando evidenciado que Celso efetivamente doou seus dois únicos bens (automóveis) para Jorge antes da propositura da ação.

De acordo com as informações constantes no caso, responda aos itens a seguir.

A) É possível identificar algum vício na doação dos bens (automóveis)? (**Valor: 0,60**)

B) Indique o instrumento processual do qual Ronaldo pode se valer para permitir que os bens doados possam ser expropriados na execução proposta. Fundamente a resposta com os dispositivos legais pertinentes. (**Valor: 0,65**)

Obs.: o(a) examinando(a) deve fundamentar as respostas. A mera citação do dispositivo legal não confere pontuação.

GABARITO COMENTADO

A) No caso, pode-se identificar a fraude contra credores, prevista no art. 158 do Código Civil, pois a doação dos únicos bens reduz o devedor à insolvência.

B) Para que o credor prejudicado consiga perseguir os bens alienados em fraude contra credores, terá que se valer de Ação Pauliana, prevista no art. 161 do Código Civil, pois a doação ocorreu antes do ajuizamento da execução.

Distribuição dos Pontos

ITEM	PONTUAÇÃO
A. Sim. Identifica-se a fraude contra credores (0,20), pois a doação dos únicos bens reduz o devedor à insolvência (0,30), nos termos do Art. 158 do CC (0,10)	0,00/0,20/0,30/ 0,40/0,50/0,60
B. O credor terá que se valer de Ação Pauliana OU Ação Revocatória (0,55), nos termos do Art. 161 do CC (0,10)	0,00/0,55/0,65

(OAB/Exame Unificado – 2015.3 – 2ª fase) João, 38 anos, solteiro e sem filhos, possui um patrimônio de cinco milhões de reais. Preocupado com o desenvolvimento da cultura no Brasil, resolve, por meio de escritura pública, destinar 50% de todos os seus bens à promoção das artes Plásticas no país, constituindo a Fundação "Pintando o Sete" que, 120 dias depois, é devidamente registrada, sendo a ela transferidos os bens.

Ocorre, todavia, que João era devedor em mora de três milhões e quinhentos mil reais a diversos credores, dentre eles o Banco Lucro S/A, a quem devia um milhão e quinhentos mil reais em virtude de empréstimo contraído com garantia hipotecária de um imóvel avaliado em dois milhões de reais.

Outros credores de João, preocupados com a constituição da referida Fundação, o procuram para aconselhamento jurídico.

Considerando os fatos narrados como verdadeiros, responda aos itens a seguir.

A) O ato de destinação de 50% dos bens de João para a criação da Fundação pode ser invalidado? O Banco Lucro S/A poderia tomar alguma medida nesse sentido? **(Valor: 0,75)**

B) Na eventual possibilidade de propositura de uma ação buscando a invalidação da doação dos bens destinados à criação da Fundação, quem deveria figurar no polo passivo? **(Valor: 0,50)**

Obs.: o examinando deve fundamentar suas respostas. A mera citação do dispositivo legal não confere pontuação.

GABARITO COMENTADO

A) A doação de 50% do patrimônio de João para a constituição da Fundação pode ser anulada por fraude contra credores, defeito do negócio jurídico previsto nos artigos 158 e 159, do Código Civil, buscando a disponibilização aos credores do patrimônio transferido à Fundação, segundo o art. 165 do Código Civil. Protege-se assim o interesse de seus credores, desde que quirografários ou aqueles cuja garantia se revele insuficiente (art. 158, c/c § 1º, do CC/2002). Contudo, o Banco Lucro S/A é um credor hipotecário com garantia real suficiente à satisfação de seu crédito, não estando legitimado, portanto, a mover ação anulatória do negócio jurídico conhecida por "*ação pauliana*".

B) A transferência do patrimônio à Fundação configura uma alienação patrimonial gratuita que reduz o devedor à insolvência, hipótese de configuração da Fraude Contra Credores (art. 158, CC), de modo que, João e a Fundação "*Pintando o Sete*", beneficiária, que já foi criada e a quem os bens já foram transmitidos, devem figurar no polo passivo da "*ação pauliana*", por se tratar de litisconsórcio passivo necessário (art. 114 do CPC ou art. 161 do CC).

Distribuição dos Pontos

ITEM	PONTUAÇÃO
A1. A doação de 50% do patrimônio de João para a constituição da fundação pode ser anulada por fraude contra credores (0,30), defeito do negócio jurídico previsto no Art. 158 do Código Civil (0,10).	0,00 / 0,30 / 0,40

A2. O Banco Lucro S/A é credor hipotecário com garantia real suficiente à satisfação de seu crédito, não estando legitimado, portanto, a mover ação anulatória do negócio jurídico conhecida por "revocatória" ou "ação pauliana" (0,25), de acordo com o Art. 158, *caput* e § 1º, do Código Civil. (0,10)	0,00 / 0,25 / 0,35
B. João e a Fundação "Pintando o Sete", beneficiária, que já foi criada e a quem os bens já foram transmitidos, devem figurar no polo passivo da ação revocatória ou pauliana (0,30), por se tratar de litisconsórcio passivo necessário (0,10), de acordo com o artigo 47 do CPC OU Art. 161, do CC (0,10).	0,00 / 0,30 / 0,40 / 0,50

(**OAB/Exame Unificado – 2014.1 – 2ª fase**) Julieta possui dois filhos, Pedro e Miguel. Ao longo da vida, amealhou patrimônio no valor de R$1.000.000,00 (um milhão de reais). Diante da idade avançada, Julieta resolve doar ao seu filho Pedro – o qual sempre foi mais atencioso com a mãe – a quantia de R$600.000,00. Miguel, indignado, procura você na qualidade de advogado, solicitando providências. Diante do caso narrado, responda às seguintes indagações, fundamentadamente:

A) É válido o contrato de doação? (**Valor: 0,65**)

B) Qual medida judicial poderá Miguel propor e com que finalidade? (**Valor: 0,60**)

A simples menção ou transcrição do dispositivo legal não pontua.

GABARITO COMENTADO

A) A doação é válida na parte que não ultrapasse o valor disponível. Trata-se de doação inoficiosa de acordo com o art. 549 E art. 1.789 ou 1.846 ou 2.007, §3º, CC.

B) Miguel poderá propor ação ordinária para a redução da doação inoficiosa, objetivando a nulidade parcial do contrato de doação no que tange ao valor de R$100.000,00.

Distribuição dos Pontos

ITEM	PONTUAÇÃO
A. A doação é válida na parte que não ultrapasse o valor disponível (0,40). Trata-se de doação inoficiosa (0,10), de acordo com o art. 549 E art. 1.789 ou 1.846 ou 2.007, §3º, CC (0,15).	0,00 – 0,10 – 0,25 – 0,40 – 0,50 – 0,65
B. Miguel poderá propor ação ordinária para a redução da doação inoficiosa (0,30), objetivando a nulidade parcial do contrato de doação no que tange ao valor de R$100.000,00 (0,30).	0,00 – 0,30 – 0,60

6. LOCAÇÃO

(**OAB/Exame Unificado – 2018.2 – 2ª fase**) José Carlos é locatário de um apartamento situado no Condomínio Morar Feliz, situado na cidade do Rio de Janeiro. O imóvel pertence a André Luiz. O contrato de locação possui vigência de 01/05/2015 a 01/05/2019 e contém cláusula de vigência. O referido contrato se encontra averbado à matrícula do imóvel no Registro Geral de Imóveis da respectiva circunscrição desde 07/06/2015.

Em 15/05/2018, José Carlos recebe uma notificação de João Pedro, informando-o de que adquiriu o imóvel de André Luiz através de contrato de compra e venda, a qual foi registrada em 30/01/2018 e averbada à matrícula do imóvel no mesmo dia, e solicitando a desocupação do imóvel no prazo de noventa dias. José Carlos não fora informado por André Luiz a respeito da alienação do apartamento.

Em 05/06/2018, ao se dirigir até o local pactuado contratualmente para o pagamento dos alugueres, José Carlos é informado por João Pedro que não irá receber o pagamento de nenhum valor a título de aluguel, solicitando novamente a desocupação do imóvel.

Diante do cenário descrito, responda aos itens a seguir.

A) Qual(is) argumento(s) de defesa José Carlos poderá arguir em face da pretensão de João Pedro em desocupar o imóvel? **(Valor: 0,80)**

B) Diante da recusa de João Pedro em receber os alugueres, de que(quais) instrumento(s) o locatário dispõe para adimplir sua prestação e se exonerar dos efeitos da mora? **(Valor: 0,45)**

Obs.: o(a) examinando(a) deve fundamentar as respostas. A mera citação do dispositivo legal não confere pontuação.

GABARITO COMENTADO

A) José Carlos poderá sustentar que a locação possui prazo determinado, cláusula de vigência e se encontra averbada junto à matrícula do imóvel. Desta forma, João Pedro não pode, validamente, denunciar o contrato de locação, na forma do art. 8º, *caput*, da Lei 8.245/91. Além disso, a denúncia foi exercida após o prazo de noventa dias a contar do registro da compra e venda, o que atrai a incidência do art. 8º, § 2º, da Lei 8.245/91, que prevê tal prazo decadencial. Por fim, houve desrespeito ao direito de preferência assegurado pelo art. 27 da mesma Lei.

B) A recusa do credor em receber o pagamento permite o uso da consignação em pagamento, de forma a exonerar o devedor da ocorrência de mora. No caso, João Pedro poderá, alternativamente, ajuizar ação de consignação em pagamento, observando o disposto no art. 67 da Lei 8.245/91 e no art. 534 do CPC, ou realizar consignação extrajudicial em pagamento, por se tratar de obrigação em dinheiro, na forma do art. 539, § 1º, do CPC.

Distribuição dos Pontos

ITEM	PONTUAÇÃO
A1. O contrato de locação possui prazo determinado, cláusula de vigência e se encontra averbada junto à matrícula do imóvel (0,20), atraindo a incidência da parte final do Art. 8º da Lei nº 8.245/91 (0,10).	0,00/0,20/0,30
A2. A denúncia foi exercida após o prazo decadencial de noventa dias a contar do registro da compra e venda (0,20), o que atrai a incidência do Art. 8º, § 2º, da Lei nº 8.245/91 (0,10)	0,00/0,20/0,30
A3. Houve desrespeito ao direito de preferência do locatário (0,10), nos termos do Art. 27 da Lei nº 8.245/91 (0,10).	0,00/0,10/0,20
B. João Pedro dispõe da consignação em pagamento (0,25), podendo optar pela via judicial observando o disposto no Art. 67 da Lei nº 8.245/91 **OU** no Art. 539 e seguintes do CPC (0,10), bem como realizar a consignação extrajudicial, por se tratar de obrigação em dinheiro, na forma do Art. 539, § 1º, do CPC (0,10).	0,00/0,25/0,35/0,45

(OAB/Exame Unificado – 2016.3 – 2ª fase) Miguel e Joana, irmãos, figuram respectivamente como locatário e fiadora em contrato de locação residencial celebrado com Antônio, no qual consta cláusula em que Joana renuncia ao benefício de ordem. Diante da ausência de pagamento dos valores acordados, Antônio promoveu ação de execução por título extrajudicial em face de ambos os devedores. Miguel foi citado cinco dias úteis antes de Joana, sendo que o comprovante de citação de Joana foi juntado aos autos vinte dias úteis após o de Miguel.

Diante do exposto, responda aos itens a seguir.

A) Opostos embargos à execução por Joana, esta pleiteia que primeiro sejam penhorados os bens de Miguel. Deve ser acolhida essa alegação? **(Valor: 0,50)**

B) O prazo para Miguel apresentar embargos à execução findou antes ou depois de iniciar o prazo para Joana embargar a execução? **(Valor: 0,40)**

C) O prazo para oposição de embargos seria de 15 (quinze) dias, contados em dobro, se Miguel e Joana possuíssem advogados distintos? **(Valor: 0,35)**

Obs.: o(a) examinando(a) deve fundamentar as respostas. A mera citação do dispositivo legal não confere pontuação.

GABARITO COMENTADO

A) Não. Tendo em vista a cláusula em que Joana renunciou ao benefício de ordem, não a assiste direito de que primeiro sejam penhorados os bens do afiançado, conforme previsto no art. 828, inciso I, do CC e no art. 794, § 3º, do CPC/15.

B) Antes. Quando houver mais de um executado, o prazo para cada um deles embargar é contado a partir da juntada do respectivo comprovante da citação. O prazo para Miguel apresentar embargos terminou quinze dias úteis após a juntada de seu comprovante de citação, o que ocorreu antes da juntada do comprovante de citação de Joana, nos termos do art. 915, § 1º, do CPC/15.

C) Não. Conforme o art. 915, § 3º, do CPC/15, não se aplica o disposto no art. 229 do CPC/15 em relação ao prazo para oferecimento dos embargos à execução.

Distribuição dos Pontos

ITEM	PONTUAÇÃO
A. Não. Como Joana renunciou ao benefício de ordem, não lhe assiste direito a que primeiro sejam penhorados os bens do afiançado (0,40), segundo o Art. 828, inciso I, do CC **OU** o Art. 794, § 3º, do CPC/15 (0,10).	0,00/0,40/0,50
B. Antes. Quando houver mais de um executado, o prazo para cada um deles embargar é contado a partir da juntada do respectivo comprovante da citação (0,30), segundo o Art. 915, § 1º, do CPC/15 (0,10).	0,00/0,30/0,40
C. Não se aplica o prazo em dobro (Art. 229 do CPC/15) para oferecimento dos embargos à execução (0,25), conforme o Art. 915, § 3º, do CPC/15 (0,10).	0,00/0,25/0,35

(OAB/Exame Unificado – 2015.2 – 2ª fase) Eduardo, jovem engenheiro, pouco depois de graduar-se e conseguir o seu primeiro emprego, deixou a casa do pai, alugando de José um pequeno apartamento próximo ao seu trabalho. O contrato de locação foi celebrado por instrumento escrito, estabelecendo prazo determinado de trinta meses. Rodrigo, viúvo, pai de Eduardo, interveio no contrato na qualidade de fiador do locatário, renunciando ao benefício de ordem e declarando-se solidariamente responsável pelas obrigações assumidas pelo afiançado. Pouco tempo depois, Ana, namorada de Eduardo, passa a residir com ele no imóvel alugado, tendo ambos o objetivo de constituir família. A união, porém, durou apenas dois anos, o que levou Eduardo a deixar o lar familiar quando ainda faltavam oito meses para o término do prazo contratualmente ajustado.

Diante do fato apresentado, utilizando os argumentos jurídicos apropriados e a fundamentação legal pertinente ao caso, responda aos itens a seguir.

A) Com a saída de Eduardo de casa, Ana pode continuar residindo no imóvel locado? Que providências ela deve tomar se tiver interesse em permanecer no imóvel locado? **(Valor: 0,50)**

B) A partir do momento em que Eduardo deixou o lar, seu pai, Rodrigo, não tendo mais interesse em continuar garantindo a locação, pode, de alguma forma, desvincular-se da fiança? **(Valor: 0,50)**

C) O que José pode fazer para evitar que o contrato fique sem garantia? **(Valor: 0,25)**

Obs.: o examinando deve fundamentar suas respostas. A mera citação do dispositivo legal não confere pontuação.

GABARITO COMENTADO

A) Sim, na qualidade de sucessora do locatário, tendo em vista a dissolução da união estável em que vivia com Eduardo, conforme permite o art. 12, da Lei 8.245/91. A locação, nesse caso, "*prosseguirá automaticamente*" caso Ana permaneça no imóvel, segundo o mesmo dispositivo legal. Incumbe-lhe, porém, comunicar a sub-rogação por escrito tanto ao locador quanto ao fiador, como determina o art. 12, § 1º, da mesma Lei.

B) Rodrigo pode exonerar-se, desde que o faça no prazo de trinta dias, contados do recebimento da notificação oferecida por Ana. Ainda assim, contudo, continuará responsável pelos efeitos da fiança durante 120 dias após a notificação ao locador, de acordo com o art. 12, § 2º, da Lei do Inquilinato.

C) Neste caso, José pode exigir que Ana ofereça nova modalidade de garantia ou indique novo fiador, no prazo de trinta dias, sob pena de desfazimento da locação, conforme dispõe o art. 40, inciso IV e o parágrafo único, da Lei 8.245/91.

Distribuição dos Pontos

ITEM	PONTUAÇÃO
A1. Sim, Ana pode continuar no imóvel na qualidade de sucessora do locatário, tendo em vista a dissolução da união estável em que vivia com Eduardo (0,20), conforme permite o Art. 12 da Lei nº 8.245/91 (0,10). *Obs.: a mera citação do dispositivo legal não confere pontuação.*	0,00 / 0,20 / 0,30

A2. Neste caso, a locação "*prosseguirá automaticamente*" caso Ana permaneça no imóvel (0,10), como determina o mesmo Art. 12, § 1º (0,10). *Obs.: a mera citação do dispositivo legal não confere pontuação.*	0,00 / 0,10 / 0,20
B1. Caso não pretenda continuar garantindo o contrato, Rodrigo pode exonerar-se, desde que o faça no prazo de trinta dias (0,10), contados do recebimento da notificação remetida por Ana (0,10), conforme dispõe o Art. 12, § 2º, da Lei do Inquilinato (0,10). *Obs.: a mera citação do dispositivo legal não confere pontuação.*	0,00 / 0,10 / 0,20 / 0,30
B2. Ainda assim, o fiador continuará responsável pelos efeitos da fiança durante 120 dias após a notificação ao locador (0,20). *Obs.: a mera citação do dispositivo legal não confere pontuação.*	0,00 / 0,20
C. José pode exigir que Ana ofereça nova modalidade de garantia ou indique novo fiador, no prazo de trinta dias, sob pena de desfazimento da locação (0,15), conforme dispõe o Art. 40, inciso IV e parágrafo único, da Lei nº 8.245/91 (0,10). *Obs.: a mera citação do dispositivo legal não confere pontuação.*	0,00 / 0,15 / 0,25

(OAB/Exame Unificado – 2014.3 – 2ª fase) João e José celebraram contrato de locação, por dois anos, de um veículo de propriedade de José, que seria utilizado por João para fazer passeios turísticos com seus clientes. No contrato de locação, foi estipulada cláusula penal de 10% do valor total do contrato para o caso de resolução por quaisquer das partes, em especial, a decorrente do não pagamento de dois alugueis.

Diante de tal previsão, caso João tivesse incorrido em mora, dando causa à resolução, responda aos itens a seguir.

A) Para a execução da cláusula penal, José tem que comprovar a existência de prejuízo equivalente ao seu montante? **(Valor: 0,65)**

B) Caso José consiga comprovar que o prejuízo excede ao valor da cláusula penal, poderia cobrar a cláusula penal e a indenização suplementar? **(Valor: 0,60)**

O examinando deve fundamentar suas respostas. A mera citação do dispositivo legal não confere pontuação.

GABARITO COMENTADO

A) No primeiro tópico, deve o candidato destacar que a incidência da cláusula penal independe da prova de prejuízo, conforme dispõe o art. 416, *caput*, do Código Civil.

B) No segundo tópico deve o candidato destacar que, para José cobrar indenização suplementar, tem que haver previsão expressa dessa possibilidade no contrato diante do preceituado no parágrafo único, do art. 416, do CC/02, hipótese em que, existindo tal cláusula, a cláusula penal serve de princípio indenizatório (indenização mínima).

Distribuição dos Pontos

ITEM	PONTUAÇÃO
A. Não, pois a incidência da cláusula penal independe da prova de prejuízo (0,55), conforme dispõe o Art. 416, *caput*, do Código Civil. (0,10) *Obs.: a simples citação do artigo não pontua.*	0,00 – 0,55 – 0,65
B. Não, pois para que José possa cobrar indenização suplementar tem que haver previsão expressa desta possibilidade no contrato (0,50), diante do preceituado no parágrafo único, do Art. 416, do CC/02 (0,10). *Obs.: a simples citação do artigo não pontua.*	0,00 – 0,50 – 0,60

(OAB/Exame Unificado – 2014.1 – 2ª fase) João celebrou contrato de locação residencial, por escrito, com Miguel, relativamente ao imóvel situado na Av. Ataulfo de Paiva, 10.000 – Leblon/RJ, ficando ajustado o valor para pagamento do aluguel mensal em R$5.000,00. Por serem velhos amigos, João dispensou Miguel de apresentar um fiador ou qualquer outra garantia da locação. Sucede que, decorridos 10 meses de vigência do contrato, Miguel passou a não mais honrar sua obrigação quanto ao pagamento dos aluguéis e acessórios. Com base em tal situação, responda aos itens a seguir, utilizando os argumentos jurídicos apropriados e a fundamentação legal pertinente ao caso.

A) Caso João venha a ajuizar a ação de despejo por falta de pagamento, qual deverá ser o valor atribuído à causa? **(Valor: 0,25)**

B) O que poderá João pleitear em tal situação a fim de que Miguel desocupe imediatamente o imóvel? **(Valor: 0,50)**

C) Indique os procedimentos que Miguel deverá adotar para evitar a rescisão do contrato **(Valor: 0,50).**

A simples indicação do dispositivo legal não pontua.

GABARITO COMENTADO

A) A resposta encontra-se inserta no art. 58, III, da Lei de Locações (Lei 8.245/91), devendo corresponder a doze vezes o valor do aluguel.

B) A situação em tela admite o despejo liminar, sem a oitiva da parte contrária, com desocupação do imóvel, no prazo de 15 dias, desde que preste caução no valor correspondente a três meses de aluguel, conforme preceitua o art. 59, §1º, IX, da Lei 8.245/91.

C) Miguel poderá elidir a liminar de desocupação se, dentro dos 15 dias concedidos para a desocupação do imóvel e independentemente de cálculo, efetuar o depósito judicial que contemple a totalidade dos valores devidos, consoante prevê o art. 59, §3º ou do art. 62, ambos da Lei 8.245/91.

Distribuição dos Pontos

ITEM	PONTUAÇÃO
A. A resposta encontra-se inserta no artigo 58, III, da Lei de Locações (Lei n. 8.245/91) (0,10), devendo corresponder a doze vezes o valor do aluguel (0,15). **Obs.:** *a simples indicação do dispositivo legal não pontua.*	0,00 – 0,10 – 0,15 – 0,25
B. A situação em tela admite o despejo liminar (0,25), sem a oitiva da parte contrária, com desocupação do imóvel, no prazo de 15 dias, desde que preste caução no valor correspondente a três meses de aluguel (0,15), conforme preceitua o artigo 59, §1º, IX, da Lei nº 8.245/91 (0,10). **Obs.:** *a simples indicação do dispositivo legal não pontua.*	0,00 – 0,15 – 0,25 – 0,35– 0,40– 0,50
C. Miguel poderá elidir a liminar de desocupação se, dentro dos 15 dias concedidos para a desocupação do imóvel e independentemente de cálculo, efetuar o depósito judicial que contemple a totalidade dos valores devidos (0,40), consoante prevê o artigo 59, §3º OU artigo 62 da Lei nº 8.245/91 (0,10). **Obs.:** *a simples indicação do dispositivo legal não pontua.*	0,00 – 0,40 – 0,50

7. RESPONSABILIDADE CIVIL

(OAB/2ª FASE – XXXIV) Henrique namorou Clara por muitos anos, até que foi surpreendido com o término do relacionamento por Clara. Em ato de revolta, Henrique publica, em sua rede social, imagens e vídeos de cenas de nudez e atos sexuais com Clara, que haviam sido gravados na constância do relacionamento amoroso e com o consentimento de sua então namorada. Henrique tinha a intenção de chantagear Clara, para que ela não prosseguisse com o pedido de término do relacionamento.

A ex-namorada não consentiu a publicação e, visando à remoção imediata do conteúdo, notificou extrajudicialmente a rede social. A notificação foi bem recebida pelos administradores da rede social e continha todos os elementos que permitiam a identificação específica do material apontado como violador da intimidade.

Sobre a hipótese, responda aos itens a seguir.

A) A rede social é obrigada a retirar de circulação o material apontado como ofensivo? (Valor: 0,60)

B) Caso o material postado não tenha sido retirado de circulação voluntariamente, e considerando a urgência da demanda, qual mecanismo judicial pode ser requerido ao juízo competente para proteger, de maneira mais rápida e eficaz, os direitos de Clara e quais seriam seus requisitos legais? (Valor: 0,65)

Obs.: o(a) examinando(a) deve fundamentar suas respostas. A mera citação do dispositivo legal não confere pontuação.

GABARITO COMENTADO

A) Sim, o material deve ser removido pelo provedor de aplicações após o recebimento da notificação extrajudicial, conforme previsto no Art. 21 da Lei nº 12.965/14 (Marco Civil da Internet). Neste contexto, o Marco Civil da Internet (Lei nº 12.965/14) institui no Art. 19 e no Art. 21 a responsabilidade civil dos provedores de aplicação, dando enfoque especial, no Art. 21, ao que se denomina pornografia de vingança. Recebida a notificação extrajudicial, o material deverá ser removido, não sendo preciso que a notificação seja necessariamente judicial, diferente do que ocorre para a retirada de circulação de demais conteúdos gerados por terceiros, na forma do art. 19 do Marco Civil da Internet.

B) O caso narrado é hipótese de pornografia de vingança. Deve-se requerer ao juízo competente tutela antecipada de urgência em caráter antecedente, conforme o Art. 303 do CPC, sendo requisitos o perigo de dano e a urgência contemporânea à ação **ou** ação de procedimento comum, com pedido de tutela de urgência antecipada, conforme o Art. 300 do CPC, sendo requisitos a probabilidade do direito e o perigo de dano.

GABARITO COMENTADO – EXAMINADORA

A) O Marco Civil da Internet (Lei nº 12.965/14) institui no Art. 19 e no Art. 21 a responsabilidade civil dos provedores de aplicação, dando enfoque especial, no Art. 21, ao que se denomina pornografia de vingança. O material que veicula pornografia de vingança deve ser removido pelo provedor de aplicações após o recebimento da notificação extrajudicial, conforme previsto no Art. 21 da Lei nº 12.965/14, não sendo preciso que a notificação seja necessariamente judicial, diferente do que ocorre para a retirada de circulação de demais conteúdos gerados por terceiros, na forma do art. 19 do Marco Civil da Internet.

B) O caso narrado é hipótese de pornografia de vingança. Deve-se requerer ao juízo competente tutela antecipada de urgência em caráter antecedente, conforme o Art. 303 do CPC, sendo requisitos o perigo de dano e a urgência contemporânea à ação **ou** ação de procedimento comum, com pedido de tutela de urgência antecipada, conforme o Art. 300 do CPC, sendo requisitos a probabilidade do direito e o perigo de dano.

Distribuição dos Pontos

ITEM	PONTUAÇÃO
A. Sim. O material deve ser removido pelo provedor de aplicações após o recebimento da notificação extrajudicial (0,50), conforme previsto no Art. 21 da Lei nº 12.965/14 (Marco Civil da Internet) (0,10).	0,00/0,50/0,60
B Deve-se requerer, ao juízo competente, tutela de urgência antecipada em caráter antecedente (0,35), conforme o Art. 303 do CPC (0,10), sendo requisitos o perigo de dano e a urgência contemporânea à ação (0,20) **OU** ação de procedimento comum, com pedido de tutela de urgência antecipada (0,35), conforme o Art. 300 do CPC (0,10), sendo requisitos a probabilidade do direito e o perigo de dano (0,20).	0,00/0,30/0,35/ 0,45/0,55/0,65

(OAB/2ª FASE – XXXII) José estava caminhando em um parque em uma noite chuvosa, quando o empregado da sociedade empresária contratada para realizar o serviço de jardinagem do local perdeu o controle do cortador de grama e acabou por decepar parte do pé de José. Percebendo-se culpado, o empregado evadiu-se do local.

José foi socorrido por Marcos e Maria, ambos com cerca de 80 anos, únicas testemunhas do ocorrido, que o levaram ao hospital. Em razão da chuva torrencial e do frio que fazia naquela noite, Marcos e Maria contraíram uma forte pneumonia e os médicos consideraram que ambos sofriam grave risco de vida.

Após ter recebido alta médica, José procura seu advogado, desejando obter uma indenização pelos danos experimentados.

Com base em tais fatos, responda, fundamentadamente, às indagações a seguir.

A) A sociedade empresária de jardinagem pode ser civilmente responsabilizada pelos danos praticados pelo seu empregado? Caso afirmativa a resposta, qual seria a natureza da responsabilidade civil da referida sociedade empresária? (Valor: 0,65)

B) Considerando o iminente risco de óbito de Marcos e Maria, existe algum mecanismo processual que permita a preservação da prova que poderia ser futuramente produzida por José? (Valor: 0,60)

Obs.: *o(a) examinando(a) deve fundamentar suas respostas. A mera citação do dispositivo legal não confere pontuação.*

GABARITO COMENTADO

A) Sim, a sociedade empresária pode ser civilmente responsabilizada pelos danos causados por seu funcionário. Neste passo, o empregador é responsável pela reparação civil decorrente de atos praticados por seus empregados, no exercício do trabalho que lhes compete ou em razão dele, de acordo com o Art. 932, inciso III, do CC. A natureza da responsabilidade civil é objetiva, nos termos do Art. 933 do CC, OU nos termos do Art. 14 e/ou Art. 17 do CDC, pois a vítima pode ser considerada consumidor por equiparação do serviço prestado.

B) Sim, considerando o fundado receio de que venha a tornar-se impossível a verificação de certos fatos na pendência da ação, diante do risco iminente de óbito das duas únicas testemunhas, José poderá valer-se da produção antecipada de prova, nos termos do Art. 381, inciso I, do CPC.

GABARITO COMENTADO – EXAMINADORA

A) O empregador é responsável pela reparação civil decorrente de atos praticados por seus empregados, no exercício do trabalho que lhes competir ou em razão dele, de acordo com o Art. 932, inciso III, do CC. A sociedade empresária responde objetivamente, independentemente de culpa, nos termos do Art. 933 do CC, **OU** nos termos do Art. 14 do CDC, considerando que a vítima pode ser considerada consumidora por equiparação do serviço prestado, conforme Art. 17 do CDC.

B) O Art. 381, inciso I, do CPC, prevê a admissibilidade da produção antecipada de prova quando houver fundado receio de que venha a tornar-se impossível ou muito difícil a verificação de certos fatos na pendência da ação. Portanto, considerando o risco iminente de óbito das duas únicas testemunhas do episódio, José poderá valer-se da produção antecipada de prova.

Distribuição dos Pontos

ITEM	PONTUAÇÃO
A1. Sim, o empregador é responsável pela reparação civil decorrente de atos praticados por seus empregados, no exercício do trabalho que lhes compete ou em razão dele (0,25), de acordo com o Art. 932, inciso III, do CC (0,10).	0,00/0,25/0,35
A2. A sociedade empresária responde objetivamente (0,20), nos termos do Art. 933 do CC (0,10), **OU** nos termos do Art. 14 e/ou Art. 17 do CDC, pois a vítima pode ser considerada consumidor por equiparação do serviço prestado (0,10).	0,00/0,20/0,30
B. Sim, considerando o fundado receio de que venha a tornar-se impossível a verificação de certos fatos na pendência da ação, diante do risco iminente de óbito das duas únicas testemunhas (0,20), José poderá valer-se da produção antecipada de prova (0,30), nos termos do Art. 381, inciso I, do CPC (0,10).	0,00/0,20/0,30/ 0,40/0,50/0,60

(OAB/Exame Unificado – 2018.2 – 2ª fase) A sociedade empresária Fictícia Produções Ltda. (Fictícia) vendeu um imóvel de sua propriedade à Diversão Produções artísticas Ltda. (DPA), que passou a funcionar no local. Dois meses após o registro da compra no cartório de registro de imóveis e início das atividades da DPA, a nova proprietária é surpreendida por uma ação de cobrança de cotas condominiais anteriores à aquisição e não pagas pela Fictícia.

Inconformado com o fato, e diante da previsão contratual na qual a sociedade empresária Fictícia se responsabiliza por débitos relativos ao período anterior à imissão na posse de sua empresa, o diretor Ronaldo procura uma orientação jurídica especializada.

Sobre a hipótese narrada, responda aos itens a seguir.

A) As cotas condominiais anteriores à aquisição são devidas pela atual proprietária do imóvel? **(Valor: 0,60)**

B) Qual a medida processual mais célere, econômica e adequada para exigir da sociedade empresária Fictícia, nos mesmos autos, a responsabilização pela dívida? **(Valor: 0,65)**

Obs.: o(a) examinando(a) deve fundamentar as respostas. A mera citação do dispositivo legal não confere pontuação.

GABARITO COMENTADO

A) Sim, tendo em vista o caráter *propter rem* da obrigação, DPA é devedora das cotas, conforme o art. 1.345 do CC.

B) Denunciação da lide (art. 125, inciso II, do CPC), a fim de obter da sociedade empresária Fictícia Produções os valores que eventualmente tiver que arcar com o processo em razão da responsabilidade contratual.

Distribuição dos Pontos

ITEM	PONTUAÇÃO
A. Sim, tendo em vista o caráter *propter rem* da obrigação (0,50), conforme o Art. 1345 do CC (0,10).	0,00/0,50/0,60
B. Denunciação da lide (0,30), em razão da responsabilização contratual (0,25), na forma do Art. 125, inciso II, do CPC (0,10).	0,00/0,30/ 0,40/0,55/0,65

(OAB/Exame Unificado – 2018.2 – 2ª fase) Jonas, médico dermatologista, atende a seus pacientes em um consultório particular em sua cidade. Ana Maria, após se consultar com Jonas, passou a utilizar uma pomada indicada para o tratamento de micoses, prescrita pelo médico. Em decorrência de uma alergia imprevisível, sequer descrita na literatura médica, a pele de Ana Maria desenvolveu uma grave reação à pomada, o que acarretou uma mancha avermelhada permanente e de grandes proporções em seu antebraço direito.

Indignada com a lesão estética permanente que sofreu, Ana Maria decidiu ajuizar ação indenizatória em face de Jonas. Tomando conhecimento, contudo, de que Jonas havia contratado previamente seguro de responsabilidade civil que cobria danos materiais, morais e estéticos causados aos seus pacientes, Ana Maria optou por ajuizar a ação apenas em face da seguradora.

A respeito do caso narrado, responda, fundamentadamente, aos itens a seguir.

A) Provada a ausência de culpa de Jonas, poderia Ana Maria ser indenizada? **(Valor: 0,65)**

B) A demanda proposta por Ana Maria em face da seguradora preenche elementos suficientes para ter seu mérito apreciado? **(Valor: 0,60)**

Obs.: o(a) examinando(a) deve fundamentar as respostas. A mera citação do dispositivo legal não confere pontuação.

GABARITO COMENTADO

A) Não. A responsabilidade dos profissionais liberais é subjetiva e, portanto, depende da demonstração de culpa do causador do dano, conforme o art. 951 do CC **OU** o art. 14, § 4º, do CDC.

B) Não. Está ausente nessa demanda uma das condições/elementos da ação, a saber, a legitimidade passiva, prevista pelo art. 17 do CPC. No seguro de responsabilidade civil facultativo, não pode o terceiro prejudicado ingressar com ação exclusivamente em face da seguradora, nos termos do art. 787 do CC ou do verbete nº 529 da Súmula do STJ.

Distribuição dos Pontos

ITEM	PONTUAÇÃO
A. Não. A responsabilidade dos profissionais liberais é subjetiva **OU** depende da demonstração de culpa do causador do dano (0,55), conforme o Art. 951 do CC **OU** o Art. 14, § 4º, do CDC (0,10).	0,00/0,55/0,65
B. Não, pois não há legitimidade passiva (0,40), nos termos do Art. 787 do CC **OU** no verbete nº 529 da Súmula do STJ (0,10) **E** nos termos do Art. 17 **OU** Art. 330, II, **OU** Art. 485, VI, do CPC (0,10).	0,00/0,40/ 0,50/0,60

(OAB/Exame Unificado – 2018.1 – 2ª fase) Ana Flávia dirigia seu carro em direção à sua casa de praia quando, no caminho, envolveu-se em um acidente grave diante da imprudência de outro veículo, dirigido por Sávio, que realizou ultrapassagem proibida. Como consequência do acidente, ela permaneceu no hospital por três dias, ausentando-se de seu consultório médico, além de ter ficado com uma cicatriz no rosto. Como apenas o hospital particular da cidade oferecia o tratamento adequado e ela não possuía plano de saúde, arcou com as despesas hospitalares.

Ciente de que o automóvel de Sávio está segurado junto à seguradora Fique Seguro Ltda., com cobertura de danos materiais, Ana Flávia ajuizou ação em face de ambos. Sávio e a seguradora apresentaram contestação, esta alegando a culpa exclusiva de Ana Flávia e a impossibilidade de figurar no polo passivo. Em seguida, o juízo determinou a exclusão da seguradora do polo passivo e o prosseguimento da demanda exclusivamente em face de Sávio.

Tendo em vista o caso exposto, responda aos itens a seguir.

A) Qual o recurso cabível contra a decisão? Qual o seu fundamento? (Valor: 0,65)

B) Além do prejuízo material, quais outros danos Ana Flávia poderia ter pedido para garantir a maior extensão da reparação? (Valor: 0,60)

Obs.: o(a) examinando(a) deve fundamentar as respostas. A mera citação do dispositivo legal não confere pontuação.

GABARITO COMENTADO

A) O recurso cabível em face da decisão que determinou a exclusão de litisconsorte é o agravo de instrumento (art. 1.015, inciso VII, do CPC/15). Conforme entendimento consolidado do STJ, é possível o ajuizamento direto em face do causador do dano e da seguradora. Não é necessário aguardar que o causador do dano denuncie a lide em face da seguradora. O que não se admite é o ajuizamento exclusivamente em face da seguradora, uma vez que não possui legitimidade para figurar no polo passivo isoladamente (Súmula 529 do STJ, REsp 943.440/SP e julgado sob o regime de repetitivo: REsp 962.230/RS).

B) Ana Flávia poderia ter deduzido pedido de indenização por danos morais (art. 186 do Código Civil ou art. 5º, inciso V ou inciso X, da CRFB/88) e dano estético (Súmula 387 do STJ), sendo este em razão da cicatriz.

Distribuição dos Pontos

ITEM	PONTUAÇÃO
A. O recurso cabível é o agravo de instrumento (0,35), por se tratar de decisão interlocutória que determinou a exclusão de litisconsorte (0,20), conforme o Art. 1.015, inciso VII, do CPC/15 (0,10).	0,00/0,35/0,45/ 0,55/0,65
B. Ana Flávia poderia ter deduzido pedido de indenização por danos morais (0,20) **E** dano estético (0,30), com fundamento no Art. 186 **OU** Art. 927 do Código Civil **OU** Art. 5º, inciso V ou inciso X, da CRFB/88 **OU** Súmula 387 do STJ (0,10).	0,00/0,20/0,30/ 0,40/0,50/0,60

(OAB/Exame Unificado – 2017.3 – 2ª fase) Marcos estacionou seu automóvel diante de um prédio de apartamentos. Pouco depois, um vaso de plantas caiu da janela de uma das unidades e atingiu o veículo, danificando o para-brisa e parte da lataria. Não foi possível identificar de qual das unidades caiu o objeto. O automóvel era importado, de modo que seu reparo foi custoso e demorou cerca de dez meses.

Dois anos e meio depois da saída do automóvel da oficina, Marcos ajuíza ação indenizatória em face do condomínio do edifício.

De acordo com o caso acima narrado, responda fundamentadamente às questões a seguir.

A) Considerando que o vaso de plantas caiu da janela de apenas um dos apartamentos, pode o condomínio alegar fato exclusivo de terceiro para se eximir do dever de indenizar? **(Valor: 0,60)**

B) Após a contestação, ao perceber que a pretensão de Marcos está prescrita, pode o juiz conhecer de ofício dessa prescrição se nenhuma das partes tiver se manifestado a respeito? **(Valor: 0,65)**

Obs.: o(a) examinando(a) deve fundamentar as respostas. A mera citação do dispositivo legal não confere pontuação.

GABARITO COMENTADO

A) Trata-se de hipótese da chamada *causalidade alternativa*, em que é possível saber que um ou alguns dos membros de um grupo determinado de pessoas deu causa ao dano, mas não é possível identificar o efetivo causador. No caso específico, não sendo possível identificar, desde logo, o apartamento de onde efetivamente caiu o objeto, o legislador autoriza expressamente a responsabilização de todos os condôminos, nos termos do art. 938 do Código Civil, ao prever a imputabilidade não apenas do único morador do prédio como também do morador de parte da edificação.

B) A pretensão encontra-se prescrita, aplicando-se à hipótese o prazo trienal previsto pelo art. 206, § 3º, inciso V, do Código Civil, contado da data do evento danoso. Trata-se de matéria que pode ser conhecida de ofício pelo julgador (art. 487, inciso II, do CPC/15). No entanto, após a contestação da lide pelo réu, não se autoriza ao juiz conhecer da prescrição sem antes oportunizar a manifestação das partes, em homenagem ao princípio da não surpresa (art. 10 ou art.487, parágrafo único, ambos do CPC/15).

Distribuição dos Pontos

ITEM	PONTUAÇÃO
A. Não. Admite-se a responsabilização de todos os moradores quando não se puder identificar a origem do objeto (0,50), como autoriza o Art. 938 do Código Civil (0,10).	0,00/0,50/0,60
B. Sim, mas deve antes provocar a manifestação das partes, em nome do princípio do contraditório ou da não-surpresa (0,55), nos termos do Art. 10 **OU** do Art. 487, parágrafo único, ambos do CPC/15 (0,10).	0,00/0,55/0,65

(OAB/Exame Unificado – 2017.2 – 2ª fase) Após sofrer acidente automobilístico, Vinícius, adolescente de 15 anos, necessita realizar cirurgia no joelho direito para reconstruir os ligamentos rompidos, conforme apontam os exames de imagem. Contudo, ao realizar a intervenção cirúrgica no Hospital Boa Saúde S/A, o paciente percebe que o médico realizou o procedimento no seu joelho esquerdo, que estava intacto. Ressalta-se que o profissional não mantém relação de trabalho com o hospital, utilizando sua estrutura mediante vínculo de comodato, sem relação de subordinação.

Após realizar nova cirurgia no joelho correto, Vinícius, representado por sua mãe, decide ajuizar ação indenizatória em face do Hospital Boa Saúde S/A e do médico que realizou o primeiro procedimento.

Em face do exposto, responda aos itens a seguir.

A) Na apuração da responsabilidade do hospital, dispensa-se a prova da culpa médica? **(Valor: 0,75)**

B) O procedimento do juizado especial cível é cabível? **(Valor: 0,50)**

Obs.: o(a) examinando(a) deve fundamentar suas respostas. A mera citação ou transcrição do dispositivo legal não confere pontuação.

GABARITO COMENTADO

A) Não. A responsabilidade pessoal do profissional liberal "*será apurada mediante a verificação da culpa*", como prevê o art. 14, § 4º, do CDC. A inclusão do hospital, que responde objetivamente, na forma do art. 14, *caput*, do referido diploma, não tem o condão de dispensar a prova da culpa médica. Desse modo, o hospital responde solidária e objetivamente, dispensado a prova de sua culpa na causação do dano, mas depende da comprovação da culpa do médico, na forma do art. 14, § 4º, da Lei 8.078/90.

B) Não. Na forma do art. 8º, *caput*, da Lei 9.099/95, "*não poderão ser partes, no processo instituído por esta Lei, o incapaz, o preso, as pessoas jurídicas de direito público, as empresas públicas da União, a massa falida e o insolvente civil*". Como o autor da ação é um adolescente de 15 anos, trata-se de pessoa absolutamente incapaz, na forma do art. 3º do CC, motivo pelo qual deve buscar a Justiça Comum para o ajuizamento da demanda.

Distribuição dos Pontos

ITEM	PONTUAÇÃO
A. Não. A responsabilidade objetiva do hospital (0,20), conforme o Art. 14, *caput*, do CDC (0,10), não tem o condão de dispensar a prova da culpa médica (0,35), na forma do Art. 14, § 4º, da Lei nº 8.078/90 (0,10).	0,00/0,20/0,30/0,35/0,45/ 0,55/0,65/0,75
B. Não, pois o incapaz não pode ser parte nos procedimentos dos Juizados Especiais Cíveis (0,40), conforme o Art. 8º, *caput*, da Lei nº 9.099/95 (0,10).	0,00/0,40/0,50

(OAB/Exame Unificado – 2017.1 – 2ª fase) Danilo ajuizou ação cominatória com pedido de reparação por danos morais contra a financeira Boa Vida S/A, alegando ter sofrido dano extrapatrimonial em virtude da negativação equivocada de seu nome nos bancos de dados de proteção ao crédito. Danilo sustenta e comprova que nunca atrasou uma parcela sequer do financiamento do seu veículo, motivo pelo qual a negativação de seu nome causou-lhe dano moral indenizável, requerendo, liminarmente, a retirada de seu nome dos bancos de dados e a condenação da ré à indenização por danos morais no valor de R$5.000,00.

O juiz concedeu tutela provisória com relação à obrigação de fazer, apesar de reconhecer que não foi vislumbrado perigo de dano ou risco ao resultado útil do processo; contudo, verificou que a petição inicial foi instruída com prova documental suficiente dos fatos constitutivos do direito do autor, não havendo oposição do réu capaz de gerar dúvida razoável. Em sentença, o juiz julgou parcialmente procedentes os pedidos, condenando a ré à obrigação de retirar o nome do autor dos bancos de dados de proteção ao crédito, confirmando a tutela provisória, mas julgando improcedente o pedido de indenização, pois se constatou que o autor já estava com o nome negativado em virtude de anotações legítimas de dívidas preexistentes com instituições diversas, sendo um devedor contumaz.

Em face do exposto, responda aos itens a seguir.

A) À luz da jurisprudência dos tribunais superiores, é correta a decisão do juiz que julgou improcedente o pedido de indenização por danos morais? **(Valor: 0,65)**

B) Poderia o advogado requerer a tutela provisória mesmo constatando-se a inexistência de perigo de dano ou de risco ao resultado útil do processo? **(Valor: 0,60)**

Obs.: O examinando deve fundamentar suas respostas. A mera citação do dispositivo legal não confere pontuação.

GABARITO COMENTADO

A) Sim; com apoio na jurisprudência consolidada no Superior Tribunal de Justiça, "*da anotação irregular em cadastro de proteção ao crédito, não cabe indenização por dano moral quando preexistente legítima inscrição, ressalvado o direito ao cancelamento*". É o que dispõe o teor da Súmula 385 do STJ.

B) Sim. Trata-se de tutela provisória de evidência, que dispensa a prova de perigo de dano ou de risco ao resultado útil do processo, quando "*a petição inicial for instruída com prova documental suficiente dos fatos constitutivos do direito do autor, a que o réu não oponha prova capaz de gerar dúvida razoável*", nos termos art. 311, inciso IV, do CPC/15.

Distribuição dos Pontos

ITEM	PONTUAÇÃO
A) Sim, pois há entendimento jurisprudencial consolidado segundo o qual a anotação irregular em banco de dados não gera dano moral indenizável quando preexistente legítima inscrição (0,55), conforme dispõe a Súmula 385 do STJ (0,10).	0,00/0,55/0,65
B) Sim, porque se trata de tutela provisória de evidência (0,50), nos termos do Art. 311, inciso IV, do CPC/15 (0,10).	0,00/0,50/0,60

(OAB/Exame Unificado – 2016.2 – 2ª fase) Patrícia e sua vizinha Luiza estão sempre em conflito, pois Nick, o cachorro de Luiza, frequentemente pula a cerca entre os imóveis e invade o quintal de Patrícia, causando diversos danos à sua horta. Patrícia já declarou inúmeras vezes que deseja construir uma divisória para evitar as constantes invasões de Nick, mas não quer assumir sozinha o custo da alteração, ao passo que Luiza se recusa a concordar com a mudança da cerca limítrofe entre os terrenos. Em determinado dia, Nick acabou preso no quintal de Patrícia que, bastante irritada com toda a situação, recusou-se a devolvê-lo e não permitiu que Luiza entrasse em seu terreno para resgatá-lo.

Sobre a situação descrita, responda aos itens a seguir.

A) Tendo se recusado a devolvê-lo, pode Patrícia impedir a entrada de Luiza em sua propriedade com o intuito de resgatar o cachorro? **(Valor: 0,50)**

B) Com relação ao pleito de Patrícia acerca da divisória entre os imóveis, é possível exigir de Luiza a concordância com a alteração da cerca? Em caso positivo, de quem seriam os custos da colocação da nova divisória? **(Valor: 0,75)**

Obs.: o examinando deve fundamentar suas respostas. A mera citação do dispositivo legal não confere pontuação.

GABARITO COMENTADO

A) A questão envolve problema de limite entre prédios e direito de tapagem, bem como disposições sobre direitos de vizinhança constantes na seção do Código Civil que versa sobre o direito de construir. Com relação à primeira pergunta, não pode Patrícia impedir que Luiza entre em seu terreno, mediante aviso prévio, a fim de resgatar o cachorro Nick (art. 1.313, inciso II, do Código Civil), a não ser que o devolva por conta própria, o que não ocorreu no caso em tela.

B) Já se levando em conta o pleito de Patrícia sobre a alteração da divisória entre os imóveis, observa-se que esse direito pode ser exigido pelo proprietário de um terreno a fim de evitar a passagem de animais de pequeno porte, sendo responsável pelas despesas aquele que provocou a necessidade dos tapumes especiais, ou seja, no presente caso, Luiza (art. 1.297, § 3º, do Código Civil).

Distribuição dos Pontos

ITEM	PONTUAÇÃO
A. Por força do Art. 1.313, inciso II, do Código Civil (0,10) desde que exista aviso prévio (0,15), Patrícia não pode impedir a entrada OU deve permitir a entrada de Luiza em seu terreno (0,25)	0,00 / 0,15 / 0,25 / 0,35 / 0,40 / 0,50
B1. Patrícia pode exigir de Luiza a construção de tapumes especiais para evitar a passagem do animal para sua propriedade (0,35).	0,00 / 0,35
B2. Sendo que os custos da colocação desses tapumes deverão correr por conta de Luiza (0,30), por força do Art. 1.297, § 3º, do Código Civil (0,10).	0,00 / 0,30 / 0,40

(OAB/Exame Unificado – 2016.1 – 2ª fase) Antônia, estudante de Jornalismo, foi contratada por Cristina, jornalista reconhecida nacionalmente, para transcrever os áudios de entrevistas gravadas em razão de estudo inédito sobre a corrupção na América Latina, sendo o sigilo sobre as informações parte de obrigação prevista expressamente no contrato. O trabalho contratado duraria cinco anos, mas, no curso do segundo ano, Cristina descobriu, em conversa com alguns colegas, que Antônia franqueara a uma amiga o acesso ao material de áudio. Inconformada, Cristina ajuizou ação de resolução contratual, cumulada com indenizatória, em face de Antônia, que, em contestação, alegou: i) que o contrato por ela assinado não vedava a subcontratação, e ii) que não teve alternativa senão delegar o trabalho a uma amiga, em razão de ter sido vítima de acidente automobilístico que a impossibilitou de usar o computador por quase três meses, sendo o caso, portanto, de força maior.

Com base na situação apresentada, utilizando os argumentos jurídicos apropriados e a fundamentação legal pertinente ao caso, responda aos itens a seguir.

A) As alegações de Antônia em contestação configuram justo motivo para o inadimplemento contratual, a evitar sua condenação ao pagamento de indenização? **(Valor: 0,75)**

B) Nessa hipótese, pode o juiz, independentemente de dilação probatória, após a contestação apresentada por Antônia, conhecer diretamente do pedido e proferir sentença? **(Valor: 0,50)**

Obs.: o examinando deve fundamentar suas respostas. A mera citação do dispositivo legal não confere pontuação.

GABARITO COMENTADO

A) Não, pois apesar de inexistir a proibição contratual para a subcontratação da prestação de serviço, o Código Civil veda expressamente esta possibilidade, sem que haja a anuência do tomador, de acordo com o art. 605, CC. Ademais, Antônia não pode alegar força maior nesse caso para eximir-se da responsabilidade, vez que a força maior deu causa ao acidente por ela sofrido e a sua incapacitação temporária para a prestação de serviços contratada, mas não deu causa ao dano da quebra de sigilo gerado pela subcontratação, ato voluntário de Antônia.

B) Sim, o juiz pode conhecer diretamente do pedido e julgar a lide antecipadamente, na forma do art. 330, I, do CPC, uma vez que se trata de questão meramente de direito, já que a ré confessou a subcontratação, tornando os fatos incontroversos.

Distribuição dos Pontos

ITEM	PONTUAÇÃO
A. Não. Antônia descumpriu a expressa vedação legal de subcontratação em contrato de prestação de serviço sem o consentimento do tomador/contratante (0,35), a teor do Art. 605 do Código Civil (0,10). Ademais, não poderá alegar força maior porque o ato de subcontratar fora voluntário, ao passo que o acidente apenas deu causa à incapacidade temporária para a prestação de serviços contratada (0,30).	0,00 / 0,30 / 0,35 / 0,40 / 0,45 / 0,65 / 0,75
B. Sim, o juiz pode conhecer diretamente do pedido e julgar antecipadamente a lide, vez que se tornou questão puramente de direito **OU** uma vez que não há necessidade de produção de prova (0,20), em razão do reconhecimento dos fatos pela prestadora de serviço (0,20) conforme previsão do Art. 330, I, do CPC (0,10).	0,00 / 0,20/ 0,30/ 0,40 / 0,50

(OAB/Exame Unificado – 2015.2 – 2ª fase) O famoso atleta José da Silva, campeão pan-americano da prova de 200 m no atletismo, inscreveu-se para a Copa Rio de Atletismo – RJ, 2015. O torneio previa, como premiação aos campeões de cada modalidade, a soma de R$ 20.000,00. Todos os especialistas no esporte estimavam a chance de vitória de José superior a 80%. Na semana que antecedeu a competição, o atleta, domiciliado no estado de Minas Gerais, viajou para a cidade do Rio de Janeiro para treinamento e reconhecimento dos locais de prova. Na véspera do evento esportivo, José sofreu um grave acidente, tendo sido atropelado por um ônibus executivo da sociedade empresária D Ltda., com sede em São Paulo. O serviço de transporte executivo é explorado pela sociedade empresária

D Ltda. de forma habitual, organizada profissionalmente e remunerada. Restou evidente que o acidente ocorreu devido à distração do condutor do ônibus. Em virtude do ocorrido, José não pôde competir no aludido torneio. O atleta precisou de atendimento médico-hospitalar de emergência, tendo realizado duas cirurgias e usado medicamentos. No processo de reabilitação, fez fisioterapia para recuperar a amplitude de movimento das pernas e dos quadris.

Sobre a situação descrita, responda aos itens a seguir.

A) Que legislação deve ser aplicada ao caso e como deverá responder a sociedade empresária D Ltda.? Quais os danos sofridos por José? **(Valor: 0,85)**

B) Qual o prazo para o ajuizamento da demanda reparatória? É possível fixar a competência do juízo em Minas Gerais? **(Valor: 0,40)**

Obs.: o examinando deve fundamentar suas respostas. A mera citação do dispositivo legal não confere pontuação.

GABARITO COMENTADO

A1) Trata-se de uma relação de consumo, na qual José se qualifica juridicamente como consumidor por equiparação, vítima de acidente de consumo, conforme o art. 17 do CDC. A sociedade empresária D Ltda. enquadra-se na condição de fornecedora de serviços conforme o art. 3º, § 2º, do CDC. Assim, deve-se aplicar o CDC e a responsabilidade civil será objetiva, nos termos do art. 14 do CDC, bem como no art.37, § 6º, da Constituição da República, por tratar-se de prestadora de serviço público.

A2) Quanto aos danos suportados pelo corredor, verifica-se a ocorrência da perda de uma chance. Trata-se da frustração da probabilidade de obter o prêmio da Copa Rio de Atletismo. A situação revela que a chance se revestia das características jurídicas sérias e reais, e, assim, deverá ser reparada. Além da perda da chance, deverão ser indenizados os danos morais pela violação da integridade física e os danos emergentes decorrentes dos tratamentos médicos (art. 402 do CC).

B) O prazo prescricional será de cinco anos, como prevê o art. 27 do CDC. O regime de consumo autoriza o ajuizamento da ação no domicílio do autor, conforme previsto no art. 101, I, do CDC. Portanto, José poderá optar pela demanda, em Minas Gerais.

Distribuição dos Pontos

ITEM	PONTUAÇÃO
A1. Aplica-se o CDC (0,10) e a responsabilidade civil será objetiva (0,10), pois José é consumidor por equiparação (0,15), conforme determinam o Art. 14 do CDC, ou art. 37, § 6º, da CRFB. (0,10) *Obs.: a mera citação do dispositivo legal não confere pontuação.*	0,00 /0,10 /0,15/0,20 / 0,25/ 0,30/0,35/0,45
A2. Além da perda da chance (0,10), deverão ser compensados os danos morais pela violação da integridade física (0,10) e indenizados os danos emergentes decorrentes dos tratamentos médicos (0,10), de acordo com o Art. 402 ou Art. 949, ambos do CC (0,10). *Obs.: a mera citação do dispositivo legal não confere pontuação.*	0,00/0,10/0,20/ 0,30/0,40

B1. O prazo aplicável é de cinco anos (0,10) conforme Art. 27 do CDC (0,10) Obs.: a mera citação do dispositivo legal não confere pontuação.	0,00/0,10/0,20
B2. O consumidor terá a faculdade de demanda em seu domicílio, no caso, Minas Gerais (0,10) conforme possibilita o Art. 101, I, do CDC (0,10) Obs.: a mera citação do dispositivo legal não confere pontuação.	0,00/0,10/0,20

(OAB/Exame Unificado – 2015.1 – 2ª fase) A famosa entrevistadora Emília Juris anunciou, em seu programa, estar grávida de uma menina. Contudo, na semana seguinte, seu marido afirmou que não podia ter filhos, comprovando, por laudo médico de infertilidade, sua afirmativa. Em rede nacional, acusou-a de adultério.

Diante da notícia avassaladora, Etanael Castro publicou texto no seu blog ofendendo Emília com palavrões e expressões chulas, principalmente no âmbito sexual, atingindo-a intensamente em sua honra, e, em relação à futura filha da entrevistadora, usou os mesmos termos, até de forma mais grosseira.

Emília procura um advogado para assisti-la na defesa de seus direitos, questionando-o, inclusive, quanto aos direitos de sua filha que já foi ofendida mesmo antes de nascer.

Diante da situação narrada, responda aos itens a seguir, fundamentando-as com os dispositivos pertinentes.

A) Mesmo antes da criança nascer, Emília pode reclamar direitos do nascituro? (Valor: 0,45)

B) Emília possui legitimidade para ajuizar ação em seu nome e do nascituro? (Valor: 0,80)

Obs.: responda justificadamente, empregando os argumentos jurídicos apropriados e a fundamentação legal pertinente ao caso.

GABARITO COMENTADO

A) O art. 2º do Código Civil enuncia que a personalidade civil tem início do nascimento com vida, mas põe a salvo, desde a concepção, os direitos do nascituro. Assim sendo, a filha de Emília, ainda que na condição de nascituro, pode ter violado seu direito à personalidade e, portanto, tutelado pelo ordenamento.

B) Sim. Como o objeto litigioso diz respeito tanto a Emília quanto à sua filha, Emília reunirá as situações jurídicas de legitimado ordinário e extraordinário. No caso da filha, trata-se de representação processual por parte de Emília para defender os direitos da filha, já que estará em juízo em nome alheio, defendendo interesse alheio, na forma do que dispõe os artigos 18 e 71 do Código de Processo Civil.

Distribuição dos Pontos

ITEM	PONTUAÇÃO
A. Sim, o código defere proteção aos direitos do nascituro desde a concepção (0,35), na forma do que dispõe o Art. 2º do Código Civil (0,10). Obs.: a simples menção ou transcrição do artigo não será pontuada.	0,00/0,35/0,45

B. Sim. Emília reunirá as situações jurídicas de legitimado ordinário (0,20) e extraordinário (0,20). Emília estará na condição de representante processual, já que estará em juízo em nome alheio defendendo interesse alheio (0,30), na forma dos artigos 6º e/ou 8º do Código de Processo Civil (0,10). *Obs.: a simples menção ou transcrição do artigo não será pontuada.*	0,00/0,20/0,30/0,40/ 0,50/0,60/0,70/0,80

(OAB/Exame Unificado – 2014.1 – 2ª fase) Retornando de um campeonato em Las Vegas, Tobias, lutador de artes marciais, surpreende-se ao ver sua foto estampada em álbum de figurinhas intitulado "Os Maiores Lutadores de Todos os Tempos", à venda nas bancas de todo o Brasil. Assessorado por um advogado de sua confiança, Tobias propõe em face da editora responsável pela publicação ação judicial de indenização por danos morais decorrentes do uso não autorizado de sua imagem. A editora contesta a ação argumentando que a obra não expõe Tobias ao desprezo público nem acarreta qualquer prejuízo à sua honra, tratando-se, muito ao contrário, de uma homenagem ao lutador, por apontá-lo como um dos maiores lutadores de todos os tempos. De fato, sob a foto de Tobias, aparecem expressões como "grande guerreiro" e "excepcional gladiador", além de outros elogios à sua atuação nos ringues e arenas.

Diante do exposto, responda de forma fundamentada:

A) É cabível a indenização pleiteada por Tobias no caso narrado acima? (**Valor: 0,75**)

B) Caso Tobias tivesse falecido antes da publicação do álbum, seus descendentes poderiam propor a referida ação indenizatória? (**Valor: 0,50**)

A simples menção ou transcrição do dispositivo legal não pontua.

GABARITO COMENTADO

A) Sim. É indiscutível, no direito brasileiro, o cabimento de indenização por uso não autorizado da imagem em publicação destinada a fins comerciais, conforme se extrai da própria dicção do art. 20 do Código Civil **OU** da Súmula 403 do STJ.

B) Sim. Como Tobias faleceu antes da publicação do álbum, seus descendentes são partes.

Distribuição dos Pontos

ITEM	PONTUAÇÃO
A. Sim, é indiscutível, no direito brasileiro, o cabimento de indenização por uso não autorizado da imagem em publicação destinada a fins comerciais (0,60), conforme se extrai da própria dicção do artigo 20 do Código Civil OU da Súmula 403 do STJ (0,15). *Obs.: A simples menção ao dispositivo e/ou Súmula não pontua*	0,00 – 0,60 – 0,75
B. Sim, como Tobias faleceu antes da publicação do álbum, seus descendentes são partes legítimas para requerer essa proteção (0,35), nos termos do disposto no parágrafo único do art. 20 do Código Civil (0,15). *Obs.: A simples menção ao dispositivo não pontua*	0,00 – 0,35 – 0,50

(OAB/2ª FASE – XXXV) Juliana embarcou em um ônibus da empresa *ABC Turismo* com destino à cidade de São Paulo. O motorista conduzia o veículo em alta velocidade e, em uma curva mais acentuada, o ônibus capotou, deixando vários passageiros feridos – dentre eles Juliana, que sofreu uma violenta queda, que lhe provocou um trauma no punho direito, além de escoriações e hematomas por todo o corpo.

Após recuperar-se do acidente, Juliana procura você, como advogado(a), para propor uma ação indenizatória por danos morais, considerando se tratar de uma relação de consumo.

Sobre a hipótese narrada, responda aos itens a seguir.

A) A empresa *ABC Turismo* deve ser responsabilizada pelos danos decorrentes do acidente? Em caso afirmativo, qual seria a natureza da responsabilidade civil da *ABC Turismo*? (Valor: 0,65)

B) Qual o foro competente para processar a ação indenizatória? (Valor: 0,60)

Obs.: o(a) examinando(a) deve fundamentar suas respostas. A mera citação do dispositivo legal não confere pontuação.

GABARITO COMENTADO – EXAMINADORA

A) Sim. O transportador, na forma do Art. 734 do CC **ou** do Art. 14 do CDC, responde pelos danos causados às pessoas transportadas. A responsabilidade é objetiva, nos termos do Art. 14 do CDC, que determina que o fornecedor de serviços responde, independentemente da existência de culpa, pela reparação dos danos causados aos consumidores por defeitos relativos à prestação dos serviços.

B) Em razão de ser ação que envolva acidente de veículos decorrente de uma relação de consumo, a ação indenizatória poderá ser processada no foro do local do fato **ou** do domicílio de Juliana, como determina o Art. 53, V do CPC **ou** Art. 101, inciso I, do CDC

Distribuição dos Pontos

ITEM	PONTUAÇÃO
A. Sim. o transportador responde pelos danos causados às pessoas transportadas (0,25), de forma objetiva **ou** independentemente de culpa (0,30), na forma do Art. 734 do CC **ou** do Art. 14, *caput*, do CDC. (0,10).	0,00/0,25/0,35/0,40/0,55/0,65
B. A ação indenizatória poderá ser processada no foro do local do fato **ou** do domicílio de Juliana (0,50), como determina o Art. 53, inciso V, do CPC **ou** Art. 101, inciso I, do CDC (0,10).	0,00/0,50/0,60

RESPOSTA DO AUTOR

A) Sim, nos termos dos arts. 734 do CC ou 14 do CDC, pois o transportador responde pelos danos causados às pessoas transportadas. A responsabilidade é objetiva, nos termos do Art. 14 do CDC, que determina que o fornecedor de serviços responde, independentemente da existência de culpa, pela reparação dos danos causados aos consumidores por defeitos relativos à prestação dos serviços.

B) Em razão da relação de consumo envolvendo acidente de veículo, a ação indenizatória poderá ser processada no foro do domicílio de Juliana (art. 101, I CDC) ou no foro do local do fato (art. 53, V CPC).

8. DIREITO DAS COISAS

(OAB/Exame Unificado – 2018.2 – 2ª fase) Em 10 de dezembro de 2016, Roberto alienou para seu filho André um imóvel de sua propriedade, por valor inferior ao preço de venda de imóveis situados na mesma região. José, que também é filho de Roberto e não consentiu com a venda, ajuizou ação, em 11 de dezembro de 2017, com o objetivo de anular o contrato de compra e venda celebrado entre seu pai e André. No âmbito da referida ação, José formulou pedido cautelar para que o juiz suspendesse os efeitos da alienação do imóvel até a decisão final da demanda, o que foi deferido pelo magistrado por meio de decisão contra a qual não foram interpostos recursos.

O juiz, após a apresentação de contestação pelos réus e da produção das provas, proferiu sentença julgando improcedente o pedido deduzido por José, sob o fundamento de que a pretensão de anulação do contrato de compra e venda se encontraria prescrita. Como consequência, revogou a decisão cautelar que anteriormente havia suspendido os efeitos da compra e venda celebrada entre Roberto e André.

A respeito dessa situação hipotética, responda aos itens a seguir.

A) Caso resolva apelar da sentença, como José poderá obter, de forma imediata, novamente a suspensão dos efeitos da compra e venda? Quais os requisitos para tanto? **(Valor: 0,80)**

B) Qual é o fundamento da ação ajuizada por José para obter a anulação da compra e venda? Esclareça se a sentença proferida pelo juiz de primeira instância, que reconheceu a prescrição da pretensão, está correta **(Valor: 0,45)**.

Obs.: o(a) examinando(a) deve fundamentar as respostas. A mera citação do dispositivo legal não confere pontuação.

GABARITO COMENTADO

Na hipótese, o recurso de apelação de José não será dotado de efeito suspensivo, tendo em vista que a sentença revogou a decisão que havia deferido o pedido cautelar. Com efeito, o art. 1.012, § 1º, inciso V, do CPC estabelece que *"além de outras hipóteses previstas em lei, começa a produzir efeitos imediatamente após a sua publicação a sentença que: (...) V – confirma, concede ou revoga tutela provisória."* Assim, a sentença proferida pelo juiz, que julgou improcedente o pedido, tem a aptidão de produzir efeitos desde logo.

Para lograr obter novamente a suspensão dos efeitos da compra e venda, portanto, José deverá formular o pedido cautelar ou de efeito suspensivo ativo, que poderá ser deduzido em petição autônoma ou no próprio recurso de apelação, a depender do fato de a apelação já ter sido distribuída ou não. O requerimento deverá ser dirigido ao tribunal, se a apelação ainda não tiver sido distribuída, ou ao relator do recurso, caso já tenha ocorrido sua distribuição, na forma do art. 1.012, § 3º, do CPC.

Para tanto, deverá José demonstrar ao relator ou ao tribunal a probabilidade de provimento do recurso de apelação ou, sendo relevante a fundamentação (*fumus boni iuris*), a existência de risco de dano grave ou de difícil reparação (*periculum in mora*), consoante o art. 1.012, § 4º, o art. 995, parágrafo único, e o art. 300 todos do CPC.

O fundamento da ação ajuizada por José é o de que se afigura anulável a venda de ascendente a descendente, salvo se os outros descendentes e o cônjuge alienante expressamente houverem consentido, na forma do art. 496 do CC. Por outro lado, o juiz de primeira instância se equivocou ao reconhecer a prescrição da pretensão de José, pois se trata de prazo decadencial e a ação foi proposta dentro do prazo de 2 anos, previsto no art. 179 do CC.

Distribuição dos Pontos

ITEM	PONTUAÇÃO
A1. José deverá formular o pedido cautelar **OU** de efeito suspensivo ativo **OU** de antecipação de tutela recursal (0,25), considerando que a apelação, no caso, não tem efeito suspensivo automático (0,15), nos termos do Art. 1.012, § 1º, inciso V, do CPC (0,10).	0,00/0,25/0,35/ 0,40/0,50
A2. José deverá demonstrar a probabilidade de provimento do recurso ou, sendo relevante a fundamentação (*fumus boni iuris*), a existência de risco de dano grave ou de difícil reparação (*periculum in mora*) (0,20), nos termos do Art. 1.012, § 4º, **OU** do Art. 995, parágrafo único, **OU** do Art. 300, todos do CPC (0,10).	0,00/0,20/0,30
B1. O fundamento da ação ajuizada por José é o de que se afigura anulável a venda de ascendente a descendente, salvo se os outros descendentes e o cônjuge alienante expressamente houverem consentido (0,15), na forma do Art. 496 do CC (0,10).	0,00/0,15/0,25
B2. O juiz de primeira instância se equivocou ao reconhecer a prescrição, pois se trata de prazo decadencial **OU** porque a ação foi proposta dentro do prazo decadencial de 2 anos (0,10), previsto no Art. 179 do CC (0,10).	0,00/0,10/0,20

9. USUCAPIÃO

(**OAB/Exame Unificado – 2017.2 – 2ª fase**) Dalva, viúva, capaz e sem filhos, decide vender para sua amiga Lorena um apartamento de 350 m2 que tinha com o marido em área urbana, o qual não visitava havia cerca de sete anos. Após a celebração do negócio, Lorena, a nova proprietária, é surpreendida com a presença de Roberto, um estranho, morando no imóvel. Este, por sua vez, explica para Lorena que "já se considera proprietário da casa" pela usucapião, pois, "conforme estudou", apesar de morar ali apenas há 6 meses, "seus falecidos pais já moravam no local há mais de 5 anos", o que seria suficiente, desde que a antiga proprietária "havia abandonado o imóvel". Lorena, por sua vez, foi aconselhada por um vizinho a ajuizar uma ação pleiteando a sua imissão na posse para retirar Roberto da sua casa.

Diante do exposto, responda aos itens a seguir.

A) Roberto tem razão ao alegar que já usucapiu o imóvel? (**Valor: 0.50**)

B) Está correta a sugestão feita pelo vizinho de Lorena? Por quê? Qual a ação judicial mais recomendável na hipótese? (**Valor: 0.75**)

Obs.: o(a) examinando(a) deve fundamentar suas respostas. A mera citação ou transcrição do dispositivo legal não confere pontuação.

GABARITO COMENTADO

A) Não, pois o prazo de 5 anos só seria suficiente se a área usucapida tivesse no máximo 250 m² e também se ele tivesse morado no local durante todo o período aquisitivo (art. 183, da CRFB ou art. 1240 do CC).

B) Não, pois, considerando-se que Roberto não tem qualquer vínculo jurídico com Dalva, a imissão na posse é incabível. A medida recomendável é a ação pelo procedimento comum (art. 318 do CPC/15), com pedido reivindicatório (art. 1.228 do CC).

Distribuição dos Pontos

ITEM	PONTUAÇÃO
A. Não, pela insuficiência do prazo, devido ao tamanho do imóvel e/ou pela necessidade de moradia do autor durante todo o período (0,40); conforme o Art. 183, da CRFB ou Art. 1.240, do CC (0,10).	0,00/0,40/0,50
B1. Não cabe a imissão, pela ausência de vínculo jurídico entre Roberto e Dalva (0,20).	0,00/0,20
B2. A medida recomendável é a ação reivindicatória (0,45), segundo o Art. 1.228 do CC (0,10).	0,00/0,45/0,55

(OAB/Exame Unificado – 2015.2 – 2ª fase) Josué, que não tinha lugar para morar com a família, ocupou determinada área urbana de 500 metros quadrados. Como ignorava a titularidade do imóvel, o qual se encontrava sem demarcação e aparentemente abandonado, nele construiu uma casa de alvenaria, com três quartos, furou um poço, plantou grama, e, como não possuía outro imóvel, fixou residência com a mulher e os cinco filhos, por cerca de dois anos, sem ser molestado. Matusalém, proprietário do imóvel, ao tomar conhecimento da ocupação, ajuizou ação de reintegração de posse em face de Josué.

Diante de tal situação, responda, fundamentadamente, às seguintes indagações a seguir.

A) Na contestação, Josué poderia requerer a indenização pelas benfeitorias realizadas? **(Valor: 0,65)**

B) Qual seria o prazo necessário para que pudesse arguir a usucapião em seu favor e qual a sua espécie? **(Valor: 0,60)**

Obs.: o examinando deve fundamentar suas respostas. A mera citação do dispositivo legal não confere pontuação.

GABARITO COMENTADO

A) Josué, por ser possuidor de boa-fé, poderá suscitar, em contestação, o direito à indenização por benfeitorias necessárias e úteis, nos termos do art. 1.219 do Código Civil.

B) Josué teria que ter a posse mansa e pacífica do imóvel por 10 (dez) anos para a aquisição da propriedade pela usucapião extraordinária, nos termos do art. 1.238, parágrafo único, do Código Civil.

Distribuição dos Pontos

ITEM	PONTUAÇÃO
A. Sim. Por estar de boa-fé (0,20), tem direito à indenização pelas benfeitorias realizadas (0,35), nos termos do Art. 1.219 do Código Civil (0,10). *Obs.: a mera citação do dispositivo legal não confere pontuação.*	0,00/0,20/0,30/0,35/ 0,45/0,55/0,65
B. Posse mansa e pacífica do imóvel por 10 (dez) anos (0,20) para a aquisição da propriedade pela usucapião extraordinária (0,30), nos termos do Art. 1.238, parágrafo único, do Código Civil (0,10) *Obs.: a mera citação do dispositivo legal não confere pontuação.*	0,00 / 0,20 / 0,30 / 0,40/ 0,50 / 0,60

(OAB/2ª FASE – XXXV) José é casado com Marcela, com quem teve 3 filhos. No dia 24 de dezembro de 2018, José saiu de casa, falando que iria comprar vinho para a ceia de Natal, mas nunca mais voltou. Alguns dias depois, Marcela recebeu a notícia que José fugira com sua amante, Kátia.

Marcela, que não possui outro imóvel para morar com seus filhos, permaneceu na residência do casal, um apartamento de 200m² no bairro do Leblon, na cidade do Rio de Janeiro.

Sobre o caso, responda aos itens a seguir.

A) Em relação a usucapião familiar, a hipótese narrada preenche os requisitos para seu deferimento? Justifique. (Valor: 0,65)

B) Considere que a ação de usucapião foi julgada procedente e que já transitou em julgado, sendo omissa quanto ao direito dos honorários de sucumbência do advogado de Marcela. Você poderá cobrar os honorários omitidos? (Valor: 0,60)

Obs.: o(a) examinando(a) deve fundamentar suas respostas. A mera citação do dispositivo legal não confere pontuação.

GABARITO COMENTADO – EXAMINADORA

A) Sim. No caso em questão, quando José abandonou o lar, Marcela e os filhos ficaram residindo no imóvel, localizado em área urbana, com menos de 250m², por mais de 2 anos, atendendo aos requisitos previstos no Art. 1.240-A do CC.

B) Sim. Na forma do Art. 85, § 18, do CPC, caso a decisão transitada em julgado seja omissa quanto ao direito aos honorários, é cabível ação autônoma para sua definição e cobrança.

Distribuição dos Pontos

ITEM	PONTUAÇÃO
A. Sim, pois preenchidos os seguintes requisitos do Art. 1.240-A do CC (0,10):	0,00/0,10
A1. Imóvel urbano (0,10).	0,00/0,10
A2. Com menos de 250m² (0,10).	0,00/0,10
A3. Posse exclusiva/moradia por mais de 2 anos de forma ininterrupta e sem oposição (0,15).	0,00/0,15

A4. Não ser proprietário de outros imóveis (0,10).	0,00/0,10
A5. Abandono do lar (0,10).	0,00/0,10
B. Sim. Caso a decisão transitada em julgado seja omissa quanto ao direito aos honorários, é cabível ação autônoma para sua definição e cobrança (0,50), na forma do Art. 85, § 18, do CPC (0,10).	0,00/0,50/0,60

RESPOSTA DO AUTOR

A) Sim, pois Marcela preenche todos os requisitos do art. 1240-A do CC, quais sejam: exerce por 2 anos ininterruptamente e sem oposição e posse direta do bem; o imóvel está localizado em zona urbana, tem até 250 metros quadrados, utiliza para a moradia sua e da família, não possui outro imóvel e a propriedade era dividida com o ex-cônjuge. Trata-se da chamada usucapião familiar.

B) Sim. Ainda que sentença tenha transitado em julgado, caso tenha sido omissa quanto ao direito dos honorários de sucumbência do advogado é cabível ação autônoma para sua definição e cobrança, nos termos do art. 85, § 18, do CPC.

10. VIZINHANÇA

(OAB/Exame Unificado – 2015.1 – 2ª fase) João e Maurício são proprietários e moradores de imóveis vizinhos, situados na Cidade do Rio de Janeiro. Embora o seu imóvel disponha de acesso próprio à via pública, há mais de vinte anos João atravessa diariamente o terreno de Maurício para chegar ao ponto de ônibus mais próximo da sua moradia, pois esse é o trajeto mais curto existente. Ademais, o caminho utilizado por João é pavimentado e conta com sistema de drenagem para as águas pluviais. Além disso, na cerca que separa os dois imóveis, há uma porteira, de onde tem início o caminho.

Determinado dia, Maurício decide impedir João de continuar a atravessar o seu terreno. Com esse intuito, instala uma grade no lugar da porteira existente na cerca que separa os dois imóveis. Inconformado, João decide consultar um advogado.

Na condição de advogado(a) consultado(a) por João, responda aos itens a seguir.

A) Tem João direito a constranger Maurício a lhe dar passagem forçada, de modo a continuar a usar o caminho existente no terreno de Maurício? (Valor: 0,60)

B) Independentemente da resposta ao item anterior, pode João ingressar em juízo para que seja reconhecida a aquisição de direito real de servidão de passagem, por meio de usucapião? (Valor: 0,65)

Responda justificadamente, empregando os argumentos jurídicos apropriados e a fundamentação legal pertinente ao caso.

GABARITO COMENTADO

A) A resposta é negativa, tendo em vista que, nos termos do art. 1.285 do Código Civil, o direito à passagem forçada assiste apenas ao dono do prédio que não tiver acesso à via pública. No caso descrito no enunciado, resta claro que o imóvel de João tem acesso próprio à via pública.

B) A resposta é afirmativa, uma vez que se tem, no caso, uma servidão de trânsito, que proporciona utilidade para o prédio dominante de João e grava o prédio serviente pertencente a Maurício. Além disso, encontram-se reunidos os requisitos estabelecidos no art. 1.379 do Código Civil, *caput* e parágrafo único, para a aquisição de direito real de servidão por meio de usucapião. A servidão é aparente, tendo em vista a presença de obras exteriores (pavimentação, sistema de drenagem e porteira). De outra parte, houve o exercício contínuo e inconteste da servidão por vinte anos (prazo estabelecido no art. 1.379, parágrafo único, do Código Civil).

Distribuição dos Pontos

ITEM	PONTUAÇÃO
A. A resposta é negativa, tendo em vista que, nos termos do Art. 1.285 do Código Civil (0,10), o direito à passagem forçada assiste apenas o dono do prédio que não tiver acesso à via pública (0,50). *Obs.: a simples menção ou transcrição do artigo não será pontuada.*	0,00/0,50/0,60
B. Há servidão de trânsito, que proporciona utilidade para o prédio dominante de João e grava o prédio serviente pertencente a Mauricio (0,25). Além disso, encontram-se reunidos os requisitos estabelecidos no Art. 1.379, *caput* e parágrafo único, do Código Civil, para a aquisição de direito real de servidão por meio de usucapião (0,10). A servidão é aparente, tendo em vista a presença de obras exteriores (pavimentação, sistema de drenagem e porteira) e houve o exercício contínuo e inconteste da servidão por vinte anos (0,20) (prazo estabelecido no Art. 1.379, parágrafo único, do Código Civil) (0,10). *Obs.: a simples menção ou transcrição do artigo não será pontuada.*	0,00/0,20/0,25/0,35/ 0,45/0,55/ 0,65

11. FAMÍLIA

(OAB/2ª FASE – XXXIII) Mariana e Leonardo foram casados, pelo regime da comunhão parcial de bens, durante 10 anos. Desde o início do casamento, Leonardo sempre apresentou comportamento explosivo, e, por diversas ocasiões, agrediu sua esposa de forma verbal e física. Durante o casamento, o casal adquiriu um apartamento, um carro, dois terrenos, e Mariana herdou uma casa de praia do seu pai.

Mariana, em determinado dia, arma-se de coragem, vai à delegacia e denuncia Leonardo por violência doméstica. Em seguida, com medo do ex-marido, Mariana deixa seu apartamento no Rio de Janeiro e se muda para o interior do estado, para a cidade de Cabo Frio.

Com base em tais fatos, responda, fundamentadamente, aos itens a seguir.

A) Indique como se dará a partilha dos bens, mencionando se algum bem deverá ser excluído. (Valor: 0,65)

B) Onde deve ser ajuizada a ação de divórcio do casal? (Valor: 0,60)

Obs.: o(a) examinando(a) deve fundamentar suas respostas. A mera citação do dispositivo legal não confere pontuação.

GABARITO COMENTADO

A) No regime da comunhão parcial de bens, os bens que o casal conquistou durante o casamento são divididos de forma igualitária, nos termos do Art. 1.658 do CC. Entretanto, a casa de praia herdada por Mariana deve ser excluída da partilha, pois os bens recebidos por sucessão excluem-se da comunhão, na forma do Art. 1.659, inciso I, do CC.

B) A ação de divórcio deverá ser ajuizada na cidade de Cabo Frio, pois, nos termos do Art. 53, inciso I, alínea d, do CPC, na ação de divórcio é competente o foro do domicílio da vítima de violência doméstica.

GABARITO COMENTADO – EXAMINADORA

A) No regime da comunhão parcial de bens, os bens que o casal conquistou durante o casamento são divididos de forma igualitária, nos termos do Art. 1.658 do CC. Entretanto, a casa de praia herdada por Mariana deve ser excluída da partilha, pois os bens recebidos por sucessão excluem-se da comunhão, na forma do Art. 1.659, inciso I, do CC.

B) A ação de divórcio deverá ser ajuizada na cidade de Cabo Frio, pois, nos termos do Art. 53, inciso I, alínea d, do CPC, na ação de divórcio é competente o foro do domicílio da vítima de violência doméstica.

Distribuição dos Pontos

ITEM	PONTUAÇÃO
A. No regime da comunhão parcial de bens, os bens que o casal conquistou durante o casamento são divididos de forma igualitária (0,20), nos termos do Art. 1.658 do CC (0,10). A casa de praia herdada por Mariana deve ser excluída da partilha, pois os bens recebidos por sucessão excluem-se da comunhão (0,25), na forma do Art. 1.659, inciso I, do CC (0,10).	0,00/0,20/0,25/0,30/ 0,35/0,45/0,55/0,65
B. O foro da comarca de Cabo Frio é o competente para processar a ação de divórcio (0,20), porque na ação de divórcio é competente o foro do domicílio da vítima de violência doméstica (0,30), nos termos do Artigo 53, inciso I, alínea d, do CPC (0,10).	0,00/0,20/0,30/ 0,40/0,50/0,60

(OAB/Exame Unificado – 2018.1 – 2ª fase) Nivaldo e Bárbara casaram-se em 2008. Ocorre que Bárbara, ao conhecer o sogro, Ricardo, que até então estava morando no exterior a trabalho, apaixonou-se por ele.

Como Ricardo era viúvo, Bárbara se divorciou de Nivaldo e foi morar com o ex-sogro em uma pequenina cidade no Acre, onde ninguém os conhecia. Lá, casaram-se há cerca de cinco anos.

Um dia, avisado por um amigo, Nivaldo, que vivia na capital do estado do Amazonas, descobriu o casamento do pai com sua ex-esposa. De imediato, consultou um advogado para saber o que poderia fazer para invalidar o casamento.

Diante dessas circunstâncias, responda aos itens a seguir.

A) Qual a ação cabível para a invalidação do casamento e qual o fundamento dela? (Valor: 0,70)

B) Identifique o litisconsórcio existente entre Bárbara e Ricardo (Valor: 0,55).

Obs.: o(a) examinando(a) deve fundamentar as respostas. A mera citação do dispositivo legal não confere pontuação.

GABARITO COMENTADO

A) Bárbara e Ricardo têm parentesco por afinidade (nora e sogro, respectivamente), que se formou pelo casamento e não é extinto pelo rompimento do vínculo matrimonial, conforme o art. 1.595, § 2º, do Código Civil. Assim, estão impedidos de casar, segundo o art. 1.521, inciso II, do Código Civil. O casamento é nulo por infringência de impedimento, a teor do art. 1.548, inciso I, do Código Civil. Logo a ação cabível é a ação de nulidade de casamento.

B) O litisconsórcio entre Bárbara e Ricardo é unitário, pois o juiz deve decidir o mérito de modo uniforme para ambos, conforme dispõe o art. 116 do CPC/2015.

Distribuição dos Pontos

ITEM	PONTUAÇÃO
A1. Ação de nulidade de casamento (0,20), conforme o Art. 1.548, inciso II, do Código Civil (0,10).	0,00/0,20/0,30
A2. O fundamento é existência de impedimento, porque Bárbara e Ricardo são parentes por afinidade, vínculo que não se extingue pelo divórcio (0,30), segundo o Artigo 1.521, inciso II **OU** Art. 1.595, § 2º, do Código Civil (0,10).	0,00/0,30/0,40
B1. O litisconsórcio é unitário (0,20), conforme dispõe o Art. 116 do CPC/15 (0,10).	0,00/0,20/0,30
B2. O litisconsórcio também é necessário (0,15), conforme dispõe o Art. 114 do CPC/15 (0,10).	0,00/0,15/0,25

(OAB/Exame Unificado – 2017.3 – 2ª fase) Maria Clara e Jorge tiveram uma filha, Catarina, a qual foi registrada sob filiação de ambos. Apesar de nunca terem se casado, Maria Clara e Jorge contribuíam paritariamente com o sustento da criança, que vivia com Maria Clara.

Quando Catarina fez dois anos de idade, Jorge ficou desempregado, situação que perdura até hoje. Em razão disso, não possui qualquer condição de prover a subsistência de Catarina, que não consegue contar apenas com a renda de sua mãe, Maria Clara, filha única de seus genitores, já falecidos. Jorge reside com sua mãe, Olívia, que trabalha e possui excelente condição financeira. Além disso, Catarina possui um irmão mais velho, Marcos, capaz e com 26 anos, fruto do primeiro casamento de Jorge, que também tem sólida situação financeira.

Com base em tais fatos, responda aos itens a seguir, justificando e fundamentando a resposta.

A) Olivia e Marcos podem ser chamados a contribuir com a subsistência de Catarina? A obrigação deve recair em Olivia e Marcos de forma paritária? **(Valor: 0,65)**

B) Quais as medidas judiciais cabíveis para resguardar o direito de subsistência de Catarina, considerando a necessidade de obter com urgência provimento que garanta esse direito? **(Valor: 0,60)**

Obs.: o(a) examinando(a) deve fundamentar suas respostas. A mera citação do dispositivo legal não confere pontuação.

GABARITO COMENTADO

A) O direito à prestação de alimentos se estende aos ascendentes, nos termos do art. 1.696 do CC. Embora os parentes em linha colateral possam ser chamados a responder pelos alimentos, essa responsabilidade apenas incide na falta dos ascendentes (art. 1.697 do CC), sendo subsidiária, e devida na proporção dos seus recursos. Como Olívia possui condições financeiras, será a responsável pelos alimentos que seriam devidos por Jorge. Assim, havendo possibilidade de alimentos avoengos, não subsiste responsabilidade de Marcos, colateral.

B) Catarina, representada por sua mãe, pode propor ação de alimentos em face de Olívia, postulando a concessão de alimentos provisórios, com base nos artigos 1º a 3º da Lei 5.478/68 e no art. 693, parágrafo único, do CPC/15. Catarina também pode propor tutela provisória de urgência em caráter antecedente, visando à obtenção dos alimentos, com base no art. 303 do CPC/15.

Distribuição dos Pontos

ITEM	PONTUAÇÃO
A1. Sim. O direito à prestação de alimentos se estende à ascendente (Olívia), embora o irmão Marcos, parente em linha colateral, possa ser chamado a responder pelos alimentos, na falta de ascendentes (0,25), nos termos dos arts. 1.696 **c/c** 1.697 do CC. (0,10). **OU** Não. Havendo possibilidade de alimentos avoengos, não subsiste responsabilidade de Marcos, colateral (0,25), nos termos dos arts. 1.696 **c/c** 1.697 do CC. (0,10).	0,00/0,25/0,35
A2. Não. Na hipótese de existir o dever alimentar de Marcos, sua responsabilidade é **subsidiária** (0,20), nos termos do art. 1.698 do CC (0,10).	0,00/0,20/0,30
B. Pode ser proposta **ação de alimentos** em face de sua avó Olívia, postulando a concessão de alimentos provisórios (0,50), com fundamento na Lei nº 5.478/68 **OU** com fundamento na tutela provisória com base no art. 300 e/ou 303 do CPC/15. (0,10).	0,00/0,50/0,60

(OAB/Exame Unificado – 2017.3 – 2ª fase) Pedro, maior com 30 (trinta) anos de idade, é filho biológico de Paulo, que nunca reconheceu a filiação no registro de Pedro. Em 2016, Paulo morreu sem deixar testamento, solteiro, sem ascendentes e descendentes, e com dois irmãos sobreviventes, que estão na posse dos bens da herança.

Diante da situação apresentada, responda aos itens a seguir.

A) Qual o prazo para propositura da ação de investigação de paternidade e da petição de herança? **(Valor: 0,85)**

B) É possível cumular os pedidos de reconhecimento da paternidade e do direito hereditário no mesmo processo? **(Valor: 0,40)**

Obs.: o(a) examinando(a) deve fundamentar as respostas. A mera citação do dispositivo legal não confere pontuação.

GABARITO COMENTADO

A) A ação de investigação de paternidade é imprescritível, como prevê o art. 27 do ECA, enquanto que a petição de herança se submete ao prazo prescricional de 10 (dez) anos, por se tratar de maior prazo previsto em lei, consoante dispõe o art. 205 do Código Civil. A questão foi sintetizada no enunciado da Súmula 149 do Supremo Tribunal Federal.

B) Cabe a cumulação de pedidos no mesmo processo, uma vez que a investigação de paternidade, bem como a petição de herança observam os requisitos de admissibilidade previstos no art. 327, § 1º, do CPC, na medida em que os pedidos são compatíveis entre si, a competência é do mesmo juízo e o mesmo procedimento é adequado a ambas.

Distribuição dos Pontos

ITEM	PONTUAÇÃO
A1. A ação de investigação de paternidade é imprescritível (0,30), nos termos do Art. 27 do ECA **OU** a Súmula 149 do STF (0,10).	0,00/0,30/0,40
A2. Prescritibilidade da ação de petição de herança, no prazo de 10 (dez) anos (0,35), conforme o Art. 205 do CC (0,10).	0,00/0,35/0,45
B. Cabe a cumulação de pedidos no mesmo processo, desde que presentes os **requisitos de admissibilidade OU** que os pedidos sejam compatíveis entre si, a competência seja do mesmo juízo e adequado o mesmo procedimento (0,30), nos termos do Art. 327, § 1º, do CPC (0,10).	0,00/0,30/0,40

(OAB/Exame Unificado – 2017.2 – 2ª fase) Tiago, servidor público federal, e Marcel, advogado, mantiveram convivência pública, contínua e duradoura, com o objetivo de constituir família, durante quinze anos. Em virtude do falecimento de Tiago decorrente de acidente de trânsito, Marcel ajuizou ação em face da União, pleiteando a concessão de pensão por morte, sob o fundamento da ocorrência de união estável com o falecido.

A juíza federal da 6ª Vara, por ter entendido configurada a relação de companheirismo, julgou procedente o pedido, concedendo a pensão a Marcel. Não foi interposta apelação, tampouco houve a incidência de reexame necessário, pelo que ocorreu o trânsito em julgado da decisão concessiva da pensão.

Diante do acolhimento de sua pretensão no âmbito da Justiça Federal, Marcel, a fim de resguardar seus direitos sucessórios, ajuizou, perante a Justiça Estadual, ação declaratória de união estável, buscando o reconhecimento da relação de companheirismo mantida com Tiago. O juiz de direito da 3ª Vara de Família julgou improcedente o pedido, sob o fundamento de que o requisito da coabitação para o reconhecimento de união estável não se encontrava preenchido.

Sobre tais fatos, responda aos itens a seguir.

A) O fundamento da decisão proferida pela Justiça Estadual está correto? Por quê? **(Valor: 0,50)**

B) O reconhecimento da união estável pela Justiça Federal vincula a decisão a ser proferida pela Justiça Estadual? Por quê? **(Valor: 0,75)**

Obs.: o(a) examinando(a) deve fundamentar suas respostas. A mera citação ou transcrição do dispositivo legal não confere pontuação.

GABARITO COMENTADO

A) Não, pois o art. 1.723 do Código Civil não prevê a coabitação como requisito para a configuração da união estável.

B) Não. O reconhecimento da união estável pela Justiça Federal se deu incidentalmente como questão prejudicial. Considerando que a Justiça Federal não é competente para decidir como questão principal acerca da ocorrência de união estável, sua apreciação não é apta a fazer coisa julgada, nos termos do art. 503, § 1º, inciso III, do CPC/15. Em consequência, a Justiça Estadual poderá decidir de maneira diversa a respeito da configuração da relação de companheirismo.

Distribuição dos Pontos

ITEM	PONTUAÇÃO
A. Não, pois o Art. 1.723 do Código Civil (0,10) não prevê a coabitação como requisito para a configuração da união estável (0,40).	0,00/0,40/0,50
B. Não. A apreciação da união estável pela Justiça Federal se deu de maneira incidental, em virtude de sua incompetência para apreciar a questão a título principal (0,35), pelo que não fez coisa julgada (0,30), na forma do Art. 503, § 1º, inciso III, do CPC/15 (0,10).	0,00/0,30/0,35/0,40/ 0,45/0,65/0,75

(OAB/Exame Unificado – 2016.1 – 2ª fase) Marina e José casaram-se e, após alguns anos poupando dinheiro, conseguiram comprar, à vista, o primeiro imóvel em Jacarepaguá, na cidade do Rio de Janeiro. Dois meses depois de se mudarem para o novo apartamento, José ficou desempregado e, por isso, a família deixou de ter renda suficiente para pagar suas despesas. O casal, então, resolveu alugar o imóvel e utilizar o valor auferido com a locação para complementar a renda necessária à manutenção da própria subsistência, inclusive o pagamento do aluguel de outro apartamento menor, para onde se mudou.

Em virtude das dificuldades financeiras pelas quais passou, o casal deixou de cumprir algumas obrigações contraídas no supermercado do bairro, uma das quais ensejou o ajuizamento de execução, com a determinação judicial de penhora do imóvel. Marina e José, regularmente citados, não efetuaram o pagamento. No dia seguinte à intimação da penhora, decorridos apenas 05 (cinco) dias da juntada dos mandados de citação aos autos, Marina e José foram ao seu escritório, desesperados, porque temiam perder o único imóvel de sua propriedade.

Tendo em vista essa situação hipotética, responda aos itens a seguir.

A) Que medida judicial pode ser adotada para a defesa do casal e em que prazo? **(Valor: 0,60)**

B) O que poderão alegar os devedores para liberar o bem da penhora? **(Valor: 0,65)**

Obs.: o examinando deve fundamentar suas respostas. A mera citação do dispositivo legal não confere pontuação.

GABARITO COMENTADO

A) Os devedores poderão oferecer embargos à execução, no prazo de 15 dias, a contar da juntada aos autos do mandado de citação (art. 738 do CPC).

B) Poderão alegar a impenhorabilidade do bem de família, por se tratar de seu único imóvel, ainda que locado a terceiros, porquanto a renda obtida com o aluguel é revertida para a subsistência da família (art. 1º da Lei 8.009/90 ou Súmula 486, STJ).

Distribuição dos Pontos

ITEM	PONTUAÇÃO
A. Os devedores poderão oferecer embargos à execução (0,30), no prazo de 15 dias, a contar da juntada aos autos do mandado de citação (0,20), nos termos do Art. 738 do CPC (0,10).	0,00/0,20/0,30/0,40/0,50/0,60
B. Trata-se de bem de família impenhorável (0,55), conforme dispõe o Art. 1º, da Lei nº 8.009/90 **ou** Súmula nº 486 do STJ (0,10)	0,00/0,55/0,65

(OAB/Exame Unificado – 2016.1 – 2ª fase) Júlia e André, casados há quinze anos, são pais de Marcos, maior de idade e capaz. Em janeiro de 2015, quando um forte temporal assolava a cidade em que moravam, André saiu de casa para receber aluguel do imóvel que herdara de sua mãe, não voltando para casa ao fim do dia. Após 6 meses do desaparecimento de André, que não deixou procurador ou informação sobre o seu paradeiro, Júlia procura aconselhamento jurídico sobre os itens a seguir.

A) De acordo com o caso, independentemente de qualquer outra providência, será possível obter a declaração de morte presumida de André? **(Valor: 0,70)**

B) Dos personagens descritos no caso, quem detém a legitimidade ativa para requerer a sucessão definitiva dos bens de André? Qual é o prazo para esse requerimento? **(Valor: 0,55)**

Obs.: o examinando deve fundamentar suas respostas. A mera citação do dispositivo legal não confere pontuação.

GABARITO COMENTADO

A) Trata-se de hipótese de ausência, nos termos do art. 6º, do Código Civil, configurada pela saída de André do seu domicílio sem dele haver notícias. Não é possível obter declaração de morte presumida, pois, de acordo com o art. 7º do CC/02, somente haverá essa possibilidade por risco de vida, o que não se caracterizou.

B) A sucessão definitiva dos bens do ausente poderá ser requerida, nos termos do art. 1167 do Código de Processo Civil ou do art. 37 do Código Civil, dez anos depois de passada em julgado a sentença de abertura da sucessão provisória. Os legitimados para requererem a abertura da sucessão definitiva são os mesmos que podem requerer a sucessão provisória, ou seja, Júlia ou o filho deles, Marcos, de acordo com o art. 1163, § 1º, do Código de Processo Civil ou art. 27 do Código Civil.

Distribuição dos Pontos

ITEM	PONTUAÇÃO
A. Não. Não se trata de hipótese de morte presumida sem decretação de ausência (0,30), pois André não corria risco de vida (0,30), requisito previsto pelo Art. 7º, do Código Civil (0,10).	0,00 / 0,30 / 0.40 0,60 / 0,70
B. A legitimidade ativa é do cônjuge ou herdeiros legítimos, ou seja, Júlia e Marcos (0,15). Art. 1163, § 1º, do CPC **OU** Art. 27, do CC (0,10). O prazo para abertura da sucessão definitiva dos bens do ausente é de 10 anos após o trânsito em julgado da sentença de abertura da sucessão provisória (0,20). Art. 1.167 do CPC **OU** Art. 37 do Código Civil (0,10).	0,00 / 0,15 / 0,20 / 0,25 / 0,30 / 0,35 / 0,45 / 0,55

(OAB/Exame Unificado – 2015.2 – 2ª fase) Adalberto e Marieta foram casados pelo regime de comunhão parcial de bens por oito anos. Estão separados de fato há vinte anos e possuem dois filhos maiores e capazes. O casal mantém patrimônio conjunto e ingressou com ação de divórcio. Ocorre que, tão logo ajuizaram a ação para a dissolução do vínculo conjugal, o advogado de ambos ficou impossibilitado de representá-los em juízo, motivo pelo qual outro advogado assumiu a causa e informou a Adalberto e Marieta que o divórcio poderia ter sido realizado em cartório, pela via extrajudicial.

Diante do caso apresentado, responda aos itens a seguir, apontando o fundamento legal.

A) É possível a convolação da ação de divórcio em divórcio por escritura pública? Como devem proceder para realizar o divórcio em cartório extrajudicial? **(Valor: 0,75)**

B) Caso Adalberto e Marieta pretendam manter os bens comuns do casal em condomínio, é possível a dissolução da sociedade conjugal sem a realização da partilha? **(Valor: 0,50)**

Obs.: o examinando deve fundamentar suas respostas. A mera citação do dispositivo legal não confere pontuação.

GABARITO COMENTADO

A) Não é possível a convolação de ação de divórcio em procedimento administrativo de divórcio. Isso porque o processo judicial somente pode ser finalizado pela via do Poder Judiciário, ainda que se extinga por meio de sentença meramente homologatória da desistência da ação. Se Adalberto e Marieta pretendem realizar o divórcio por escritura pública, devem desistir da ação judicial a fim de extinguir o processo judicial (art. 485, VIII, do CPC) e ingressar com a medida extrajudicial de dissolução do vínculo conjugal, com base no art. 733 do CPC, OU mesmo ingressar com a medida administrativa e comunicar ao Juízo perante o qual tramita a ação judicial de divórcio, requerendo a extinção do processo por falta de interesse processual por motivo superveniente.

B) Sim, é possível a realização do divórcio sem prévia partilha dos bens, podendo manter os bens comuns do casal em condomínio. É o que autoriza o art. 1.581 do CC.

Distribuição dos Pontos

ITEM	PONTUAÇÃO
A. Não é possível a convolação de ação de divórcio em procedimento administrativo de divórcio (0,35). Se Adalberto e Marieta pretendem realizar o divórcio por escritura pública, devem desistir da ação judicial a fim de extinguir o processo judicial (Art. 267, VIII, do CPC) (0,20) e ingressar com a medida extrajudicial de dissolução do vínculo conjugal, com base no Art. 1.124-A do CPC (0,20), OU mesmo ingressar com a medida administrativa (0,20) e requerendo a extinção do processo por falta de interesse processual por motivo superveniente (Art. 267, VI, do CPC) (0,20) *Obs.: a mera citação do dispositivo legal não confere pontuação.*	0,00 /0,20 / 0,35 /0,40/ 0,55 / 0,75
B. A partilha dos bens comuns do casal não é requisito à dissolução da sociedade conjugal (0,40). Art. 1.581 do CC ou Enunciado de súmula n. 197, do STJ (0,10). *Obs.: a mera citação do dispositivo legal não confere pontuação.*	0,00 / 0,40 / 0,50

(OAB/Exame Unificado – 2015.1 – 2ª fase) Após o período de relacionamento amoroso de dois anos, Mário Alberto, jovem com 17 anos de idade, e Cristina, com apenas 15 anos, decidem casar. A mãe de Mário, que detém a sua guarda, autoriza o casamento, apesar da discordância de seu pai. Já os pais de Cristina consentem com o casamento.

Com base na situação apresentada, responda aos itens a seguir.

A) É possível o casamento entre Mário Alberto e Cristina? (Valor: 0,60)

B) Caso os jovens se casem, quais os efeitos desse casamento? Há alguma providência judicial ou extrajudicial a ser tomada pelos jovens? (Valor: 0,65)

Responda justificadamente, empregando os argumentos jurídicos apropriados e a fundamentação legal pertinente ao caso.

GABARITO COMENTADO

A) No primeiro tópico, o examinado deve esclarecer que não é possível o casamento, uma vez que, não obstante Cristina ter o consentimento de ambos os pais, ela não possui idade núbil (capacidade matrimonial).

Importante ainda o examinando observar que Mário Alberto necessita do consentimento de ambos os pais, uma vez que o consentimento para o casamento é atributo do poder familiar inerente a ambos, em igualdade de condições, e o fato de Mário estar sob a guarda da mãe não retira de seu pai sua autoridade parental, não prevalecendo, portanto, a vontade materna, necessitando do suprimento judicial, em caso de negativa injustificada de um dos genitores.

B) No segundo tópico, o examinando deve responder que o casamento é anulável, pois além de Cristina não ter atingido a idade núbil, Mário Alberto necessita do consentimento de ambos os pais, uma vez que o consentimento para o casamento é atributo do poder familiar inerente a ambos, em igualdade de condições; o fato de Mário estar sob a guarda da mãe não retira de seu pai sua autoridade parental, não prevalecendo, portanto, a vontade materna. As providências a serem tomadas seriam: a) ação anulatória do casamento, pela via judicial, com fundamento no art. 1.555 do CC; b) confirmação do casamento, com base no art. 1.553 do CC.

Distribuição dos Pontos

ITEM	PONTUAÇÃO
A. Não, pois embora Cristina possua consentimento de ambos os pais não possui capacidade matrimonial (idade núbil) (0,20), nos termos do Art. 1.517 do Código Civil (0,10). O examinado deve observar que Mário Alberto também necessita do consentimento de ambos os pais (0,20), e que em caso de negativa de um deles há necessidade do suprimento judicial, na forma do Art. 1.519 do Código Civil (0,10). *Obs.: a simples menção ou transcrição do artigo não será pontuada.*	0,00/0,20/0,30/ 0,40/0,50/0,60
B. O casamento é anulável porque Cristina não completou idade núbil e/ou Mário Alberto não possui autorização de seus representantes legais (0,25), nos termos do Art. 1.550, incisos I e II, do Código Civil (0,10). As providências a serem tomadas seriam: ação anulatória do casamento, pela via judicial (0,20), com fundamento no Art. 1.555 do CC (0,10) OU confirmação do casamento (0,20), com base no Art. 1.553 do CC (0,10). *Obs.: a simples menção ou transcrição do artigo não será pontuada.*	0,00/0,20/0,25/0,30 0,35/0,45/0,55/0,65

12. ALIMENTOS

(OAB/Exame Unificado – 2017.1 – 2ª fase) Jorge, menor com doze anos de idade, está sem receber a pensão alimentícia de seu pai, Carlos, há cinco anos, apesar de decisão judicial transitada em julgado. Jorge, representado por sua mãe, Fátima, promove ação de execução de alimentos, no valor de R$ 200.000,00 (duzentos mil reais), pelos alimentos pretéritos, devidamente corrigidos.

Para pagamento da dívida, fora determinada penhora do imóvel em que Carlos e Carmem, sua atual companheira, residem. O imóvel, avaliado em R$300.000,00 (trezentos mil reais), é o único do casal e foi adquirido onerosamente por ambos após a constituição de união estável.

Considerando que a penhora recaiu apenas sobre a parte que cabe a Carlos, responda aos itens a seguir.

A) Há fundamento para penhora do bem descrito? **(Valor: 0,70)**

B) Como fica a situação de Carmem na hipótese de alienação judicial do bem descrito? **(Valor: 0,55)**

Obs.: o examinando deve fundamentar suas respostas. A mera citação do dispositivo legal não confere pontuação.

GABARITO COMENTADO

A) Embora seja bem de família, o imóvel pode ser penhorado e alienado, pois a execução de alimentos é exceção à regra geral de impenhorabilidade do imóvel destinado à residência, consoante dispõe o art. 3º, inciso III, da Lei 8.009/90.

B) Diante da indivisibilidade do bem, a quota-parte que cabe à Carmem será reservada no produto da alienação (art. 843, *caput*, do CPC).

Distribuição dos Pontos

ITEM	PONTUAÇÃO
A. Sim, porque aplica-se a exceção à regra geral de impenhorabilidade do imóvel destinado à residência, bem de família (0,60), consoante dispõe o Art. 3º, inciso III, da Lei nº 8.009/90 (0,10).	0,00/0,60/0,70
B. Carmem fará jus à sua quota-parte, reservada no produto da alienação (0,45), conforme Art. 843, *caput*, do CPC (0,10).	0,00/0,45/0,55

(OAB/Exame Unificado – 2016.3 – 2ª fase) Ana, menor impúbere, é filha de José e Maria, ambos com apenas 18 (dezoito) anos de idade, desempregados e recém-aprovados para ingresso na Faculdade de Direito Alfa. As respectivas famílias do casal possuem considerável poder aquisitivo, porém se recusam a ajudá-los no sustento da pequena Ana, em razão de desentendimentos recíprocos. Destaca-se, por fim, que todos os avós são vivos e exercem profissões de destaque.

Com esteio na hipótese proposta, responda aos itens a seguir.

A) Os avós são obrigados a prestar alimentos em favor de sua neta? Em hipótese positiva, cuida-se de obrigação solidária? **(Valor: 0,65)**

B) A ação de alimentos pode ser proposta por Ana, representada por seus pais, sem incluir necessariamente todos os avós no polo passivo da demanda? **(Valor: 0,60)**

Obs.: o(a) examinando(a) deve fundamentar as respostas. A mera citação do dispositivo legal não confere pontuação.

GABARITO COMENTADO

A) A questão envolve os denominados "alimentos suplementares", tal como regulados pelo art. 1.698 do CC.

Nesse cenário, diante da insuficiência econômica dos pais, os avós são obrigados a prestar alimentos em favor de sua neta. No entanto, não se trata de obrigação solidária, tal como regulada pelo art. 264 do CC, mas de obrigação subsidiária, devendo ser diluída entre avós paternos e maternos na medida de seus recursos, diante de sua divisibilidade e possibilidade de fracionamento.

B) É possível o exercício da pretensão alimentar contra um ou mais avós. Com efeito, a obrigação alimentar por parte dos avós guarda caracteres de divisibilidade e não há solidariedade, afastando o litisconsórcio necessário (art. 114 do CPC/15). A exegese do art. 1.698 do CC explicita tratar-se de litisconsórcio facultativo (art. 113 do CPC/15), bastando que haja a opção por um dos avós, que suporte o encargo nos limites de suas possibilidades.

Distribuição dos Pontos

ITEM	PONTUAÇÃO
A. Sim. Os avós são obrigados a prestar alimentos em favor de sua neta, pois a questão envolve os denominados alimentos suplementares (avoengos) (0,30). Não se trata de obrigação solidária, mas sim de obrigação subsidiária (0,25). Citação do Art. 1.698 do CC (0,10).	0,00/0,25/0,30/0,35/0,40 /0,55/0,65
B. Sim. Porque não há litisconsórcio passivo necessário, mas sim facultativo (0,25), pois a obrigação alimentar suplementar é divisível (0,25). Citação do Art. 113 **OU** Art. 114 do CPC/15 (0,10).	0,00/0,25/0,35/0,50/0,60

(OAB/Exame Unificado – 2014.3 – 2ª fase) João, pai de Eduardo e Mônica, após se divorciar de sua esposa, obrigou-se a pagar, por meio de uma ação de alimentos, o percentual de 15% (quinze por cento) da sua remuneração para cada um de seus filhos, até que atingissem a maioridade ou terminassem curso superior, ou, ao menos, estivessem estudando.

Após atingirem a maioridade, Mônica continuou estudando, regularmente matriculada em um curso de medicina. Eduardo, no entanto, abandonou os estudos e resolveu trabalhar, abrindo um comércio lucrativo em seu bairro, que já possibilitava o seu sustento a ponto de estar noivo de Maria Lúcia. Diante de tais fatos, João resolve deixar de pagar os alimentos para seus dois filhos.

A partir da hipótese formulada, responda aos itens a seguir.

A) João, ao deixar de pagar os alimentos a Eduardo, procedeu de forma correta? **(Valor: 0,65)**

B) Como advogado de Mônica, qual atitude você tomaria para compelir João a pagar os alimentos em atraso há dois meses? **(Valor: 0,60)**

O examinando deve fundamentar suas respostas. A mera citação do dispositivo legal não confere pontuação.

GABARITO COMENTADO

A) No primeiro tópico, deve o examinando apontar que João não agiu corretamente. Deve destacar, ainda, a necessidade de João realizar, em juízo, um pedido de exoneração de alimentos (art. 1699, CC/02 c/c art. 15, da Lei 5.478/68) com relação a seu filho Eduardo, comprovando a maioridade e alegando a sua desnecessidade, já que este não necessita mais de alimentos por estar trabalhando, alterando o binômio necessidade/possibilidade do art. 1694, § 1º, do CC/02, bem como aduzindo que ele não estava mais matriculado em curso regular de ensino.

B) No segundo tópico, deve o examinando destacar a necessidade de ajuizamento de ação de execução de alimentos, cabendo, inclusive, a prisão civil de João, diante do preceituado no art. 528 e 911, do CPC.

Distribuição dos Pontos

ITEM	PONTUAÇÃO
A. Não, pois João deveria realizar em juízo um pedido de exoneração de alimentos com relação a seu filho Eduardo, comprovando a maioridade e alegando a sua desnecessidade (0,55), nos termos do Art. 1699, do CC /02 ou Art. 15, da Lei nº 5478/68 ou na Súmula 358, do STJ (0,10) *Obs.: a mera citação do artigo não pontua.*	0,00 – 0,55 – 0,65
B. Mônica deve ajuizar uma ação de execução de alimentos (0,50), diante do preceituado no Art. 732 ou 733, do CPC (0,10). *Obs.: a mera citação do artigo não pontua.*	0,00 – 0,50 – 0,60

(OAB/Exame Unificado – 2014.2 – 2ª fase) Maria e o irmão João, representados por sua mãe, com quem residem, ajuizaram ação de alimentos em face de seus avós paternos, Eriberto e Cleunice, alegando, em síntese, que, após o divórcio de seus pais, ficou acordado que o seu genitor pagaria, a título de pensão alimentícia, 30% (trinta por cento) da remuneração por ele auferida.

Os avós maternos de Maria e de seu irmão João moram ao lado de sua casa, numa vila, e vivem com parcos recursos financeiros.

Narram na inicial que, desde o divórcio, o pai, espontaneamente, parou de trabalhar e, por isso, nunca pagou os alimentos devidos. Afirmam que ele vive, desde então, sustentado pelos avós paternos dos autores, ora réus, tendo em vista que estes possuem ótima situação financeira. Eles sustentam, ainda, que esgotaram todas as tentativas de cobrar do pai a pensão fixada na sentença que decretou o divórcio, razão pela qual os avós paternos têm, segundo a atual legislação civil, a obrigação de arcar com tal prestação.

Com base em tal situação, responda aos itens a seguir, utilizando os argumentos jurídicos apropriados e a fundamentação legal pertinente ao caso.

A) Indique as alegações que seriam apresentadas na defesa dos interesses de seus clientes (avós paternos)? (Valor: 0,75)

B) Qual o momento oportuno para a apresentação da resposta? (Valor: 0,50)

GABARITO COMENTADO

A) Deverão os avós maternos ser chamados a integrar a lide, nos termos do art. 1.698/CC, aduzindo-se que a responsabilidade dos ascendentes é complementar e subsidiária, devendo a obrigação conjunta e divisível ser diluída entre todos os avós na proporção de seus recursos.

B) De acordo com o art. 9º da Lei 5.478/68, a resposta deve ser apresentada até a audiência de conciliação, instrução e julgamento.

Distribuição dos Pontos

ITEM	PONTUAÇÃO
A1. A principal alegação da defesa é a de que a responsabilidade dos ascendentes é complementar e subsidiária (0,30), nos termos do Art. 1.698/CC (0,10). **Obs.:** *a simples indicação do dispositivo legal não pontua.*	0,00 / 0,30 /0,40
A2. Sendo que os avós maternos deverão ser chamados a integrar a lide (0,20), para que cada um contribua na proporção dos respectivos recursos. (0,15).	0,00 / 0,15 / 0,20 / 0,35
B. A resposta deve ser apresentada até a audiência de conciliação, instrução e julgamento (0,40), de acordo com os Art. 5º, §1º ou Art. 9º, da Lei 5.478/68 (0,10). **Obs.:** *a simples indicação do dispositivo legal não pontua.*	0,00 – 0,40 – 0,50

(OAB/2ª FASE – XXXV) Em 2017, ao ter o vínculo de filiação paterna constituído por sentença, em ação de investigação de paternidade, proposta por seu filho Jorge, Antônio foi condenado a pagar alimentos.

A partir de então, Antônio vinha honrando com sua obrigação pontualmente. A sua expectativa era arcar com a obrigação até que seu filho completasse 18 anos, em 21 de dezembro de 2021. Passada a data, Antônio já não realizou mais qualquer pagamento. Jorge terminou o Ensino Médio ao mesmo tempo em que alcançou a maioridade, em dezembro de 2021.

Em junho de 2022, Antônio é citado em execução de alimentos, pelo rito da penhora, recusando-se a pagar o saldo devedor, já acumulado em R$18.000,00 (dezoito mil reais).

Antônio opõe embargos à execução, autuados em apartado, ao argumento principal de que a obrigação alimentar cessou com a maioridade, considerando que, nos meses subsequentes, seu filho já não estava matriculado em qualquer curso, cessando a relação de dependência entre pai e filho. Jorge argumenta, em defesa, que estava se preparando para o vestibular com cursos *online*, informando que obteve a aprovação recente e já está matriculado no curso de graduação em Engenharia Mecânica, com início em agosto de 2022, sendo devida a obrigação até a conclusão do curso.

Por sua vez, nos autos da execução, Jorge indica o único imóvel residencial de Antônio à penhora, cujo valor é suficiente para pagar os alimentos vencidos e vincendos no curso do processo.

Diante desses fatos, responda aos itens a seguir.

A) Caso os embargos à execução sejam julgados improcedentes, o juízo pode determinar a penhora do único imóvel residencial de Antônio? Justifique. (Valor: 0,60)

B) Em termos processuais, poderia Antônio cessar o pagamento da obrigação sem prévia autorização judicial? Justifique. (Valor: 0,65)

Obs.: o(a) examinando(a) deve fundamentar suas respostas. A mera citação do dispositivo legal não confere pontuação.

GABARITO COMENTADO – EXAMINADORA

A) Sim. Em regra, o único imóvel residencial do devedor é qualificado como bem de família, dotado do atributo da impenhorabilidade por dívidas civis, comerciais, fiscais, previdenciária ou de qualquer natureza, por força de lei (Art. 1º, caput, da Lei nº 8.009/90), salvo se a execução for movida, dentre outras exceções, *"pelo credor de pensão alimentícia, resguardados os direitos sobre o bem, do seu coproprietário que, com o devedor, integre união estável ou conjugal, observadas as hipóteses em que ambos responderão pela dívida"* (Art. 3º, inciso III, da Lei nº 8.009/90). Portanto, ainda que se trate de bem de família, cuida-se de bem passível de penhora.

B) Não. A extinção da obrigação alimentar do filho que alcança a maioridade sempre dependerá de decisão judicial, exarada sob o crivo do contraditório, seja em ação autônoma de exoneração de alimentos, seja por via de pedido formulado nos próprios autos, como bem definido pelo verbete de Súmula 358 do Superior Tribunal de Justiça.

Distribuição dos Pontos

ITEM	PONTUAÇÃO
A. Sim. A impenhorabilidade do bem de família não é oponível ao credor de obrigação alimentar (0,50), na forma do Art. 3º, inciso III, da Lei nº 8.009/90 (0,10).	0,00/0,50/0,60
B. Não. A extinção da obrigação alimentar do filho que alcança a maioridade depende de decisão judicial (0,40), mediante contraditório, ainda que nos próprios autos (0,15), nos termos do verbete de Súmula 358 do STJ (0,10).	0,00/0,40/0,50 0,55/0,65

RESPOSTA DO AUTOR

A) Sim, o juiz pode determinar a penhora. Embora seja o único imóvel do devedor sendo qualificado como bem de família (o que em regra lhe atribuiria a característica de impenhorável), quando se trata de execução movida por credor de pensão alimentícia temos uma exceção, nos termos do art. 3º, inciso III, da Lei nº 8.009/90. Portanto, ainda que se trate de bem de família, cuida-se de bem passível de penhora.

B) Não, pois a exoneração do dever não é automática com a maioridade. A extinção da obrigação alimentar do filho que alcança a maioridade sempre dependerá de decisão judicial, exarada sob o crivo do contraditório, seja em ação autônoma de exoneração de alimentos, seja por via de pedido formulado nos próprios autos, como bem definido pelo verbete de Súmula 358 do Superior Tribunal de Justiça.

13. SUCESSÃO

(OAB/2ª FASE – XXXIII) Fernando foi casado durante 25 anos com Rose. Como fruto do casamento nasceram Antônio, hoje, com 23 anos, e Eliza, com 18 anos. Como o casamento não ia bem, o casal optou pelo divórcio. Antônio, filho mais velho do casal, não aceitou a separação e se revoltou contra o pai, culpando-o pela situação. Em uma das discussões com o pai, Antônio se exaltou e o agrediu com socos e pontapés, deixando-o com vários hematomas no corpo.

Depois do ocorrido, Fernando decide romper o relacionamento com Antônio e fazer um testamento com o objetivo de deserdá-lo.

Sobre a hipótese, responda aos itens a seguir.

A) Fernando pode deserdar o filho? Justifique. (Valor: 0,60)

B) Fernando veio a falecer antes de realizar o testamento e seus únicos herdeiros legais são Antônio e Eliza. Os irmãos não querem brigar, estão em consenso e querem realizar o inventário do pai. É possível realizar o procedimento em cartório? Justifique. (Valor: 0,65)

Obs.: o(a) examinando(a) deve fundamentar suas respostas. A mera citação do dispositivo legal não confere pontuação.

GABARITO COMENTADO

A) Sim, Fernando pode deserdar o filho, pois a ofensa física autoriza a deserdação do descendente por seu ascendente, nos termos do Art. 1.962, inciso I, do CC.

B) Sim. Sendo todos os interessados capazes e concordes com os seus termos, o inventário e a partilha podem ser realizados por escritura pública, nos termos do Art. 610, § 1º, do CPC.

GABARITO COMENTADO – EXAMINADORA

A) Sim. A ofensa física autoriza a deserdação do descendente por seu ascendente, nos termos do Art. 1.962, inciso I, do CC.

B) Sim. Sendo todos os interessados capazes e concordes com os seus termos, o inventário e a partilha podem ser realizados por escritura pública, nos termos do Art. 610, § 1º, do CPC.

Distribuição dos Pontos

ITEM	PONTUAÇÃO
A. Sim. A ofensa física autoriza a deserdação do descendente por seu ascendente (0,50), nos termos do Art. 1.962, inciso I, do CC (0,10).	0,00/0,50/0,60
B. Sim. Sendo os interessados capazes e concordes com seus termos (0,55), nos termos do Art. 610, § 1º, do CPC (0,10).	0,00/0,55/0,65

(OAB/Exame Unificado – 2018.1 – 2ª fase) Em abril de 2016, Flávio, que não tinha qualquer parente até quarto grau, elaborou seu testamento, deixando todos os seus bens para sua amiga Clara. Em janeiro de 2017, Flávio descobriu que era pai de Laura, uma criança de 10 anos, e reconheceu de pronto a paternidade. Em abril de 2017, Flávio faleceu, sem, contudo, revogar o testamento elaborado em 2016.

Sobre os fatos narrados, responda aos itens a seguir.

A) A sucessão de Flávio observará sua última vontade escrita no testamento? (Valor: 0,80)

B) O inventário e a partilha dos bens de Flávio poderão ser feitos extrajudicialmente? (Valor: 0,45)

Obs.: o(a) examinando(a) deve fundamentar as respostas. A mera citação do dispositivo legal não confere pontuação.

GABARITO COMENTADO

A) Dentre as hipóteses de rompimento do testamento, o art. 1.973 do Código Civil prevê justamente a situação descrita: superveniência de descendente sucessível ao testador, que não o conhecia quando testou. Logo, tendo em vista o rompimento do testamento, Laura receberá 100% do patrimônio do falecido pai, na forma do art. 1.845 do CC.

B) No direito brasileiro, o inventário deverá ser judicial quando houver herdeiro menor e/ou testamento, conforme o art. 610, *caput*, do CPC/15.

Distribuição dos Pontos

ITEM	PONTUAÇÃO
A. Não. A superveniência de descendente sucessível ao testador, que não o conhecia quando testou é hipótese de rompimento de testamento (0,70), conforme o Art. 1.973 do CC (0,10).	0,00/0,70/0,80
B. Não. O inventário será obrigatoriamente judicial, porque há herdeiro incapaz **e/ou** testamento (0,35), segundo o Art. 610 do CPC/15 (0,10).	0,00/0,35/0,45

(OAB/Exame Unificado – 2017.2 – 2ª fase) Luiz, viúvo, residente e domiciliado em Maceió, tinha três filhos: Jorge, Clarissa e Joana, e nenhum neto.

Jorge, enciumado com o tratamento preferencial que Luiz dispensava às suas irmãs, tenta matar seu pai desferindo-lhe dois tiros, dos quais, por sorte, Luiz consegue escapar ileso. Dois anos antes, este registrara testamento público, estipulando que seu patrimônio disponível deveria ser herdado por Jorge e Joana.

Luiz vem a falecer durante viagem a Salvador, em 2017, deixando como herança líquida o montante de R$ 2.000.000,00 (dois milhões de reais).

Com base na hipótese apresentada, responda aos itens a seguir.

A) Qual medida judicial poderá ser utilizada por Joana para evitar que Jorge venha a suceder Luis? Há algum prazo-limite para isso? **(Valor: 0,85)**

B) Qual o foro competente para processar e julgar o inventário de Luiz? **(Valor: 0,40)**

Obs.: o(a) examinando(a) deve fundamentar suas respostas. A mera citação ou transcrição do dispositivo legal não confere pontuação.

GABARITO COMENTADO

A) Joana deve ajuizar demanda objetivando a declaração de indignidade de Jorge, fundamentada no art. 1.814, inciso I, do Código Civil, pois o herdeiro Jorge foi autor de tentativa de homicídio contra Luis, pessoa de cuja sucessão se trata. Com o reconhecimento judicial da indignidade de Jorge, este será excluído da sucessão de Luis.

O prazo para o ajuizamento da demanda é de 4 (quatro) anos da abertura da sucessão, segundo o art. 1.815, parágrafo único, do Código Civil.

B) O foro competente é o da cidade de Maceió, nos termos do art. 48 do CPC/15 ou do art. 1785 do CC, já que ali era domiciliado o autor da herança.

Distribuição dos Pontos

ITEM	PONTUAÇÃO
A1. Joana deve ajuizar demanda objetivando a declaração de indignidade de Jorge (0,40), fundamentada no Art. 1.814, inciso I, do Código Civil (0,10).	0,00/0,40/0,50
A2. O prazo para o ajuizamento da demanda é de 4 (quatro) anos a partir da abertura da sucessão (0,25), segundo o Art. 1.815, parágrafo único, do Código Civil (0,10).	0,00/0,25/0,35
B. O foro competente é o da cidade de Maceió, domicílio do autor da herança (0,30), nos termos do Art. 48 do CPC/15 OU do Art. 1785 do CC (0,10).	0,00/0,30/0,40

(**OAB/Exame Unificado – 2016.2 – 2ª fase**) Daniel, 30 anos, amealhou ao longo da vida um patrimônio considerável. Era solteiro e decidira não ter filhos.

Seus pais já eram falecidos e Daniel tinha apenas um irmão bilateral, Alexandre, e um irmão unilateral, Rafael.

Após 30 dias em coma induzido em razão de grave acidente de carro, Daniel veio a falecer em 30 de agosto de 2014.

Diante do exposto, responda aos itens a seguir.

A) Como deverá ser partilhada a herança entre os irmãos de Daniel? (**Valor: 0,60**)

B) Se depois de três anos do falecimento de Daniel, e já realizada a partilha de seus bens, aparecesse mais um irmão unilateral, até então ignorado pelos demais, que ação judicial poderia intentar para receber parte dos bens da herança? Qual o prazo para ajuizamento? (**Valor: 0,65**)

Obs.: o examinando deve fundamentar suas respostas. A mera citação do dispositivo legal não confere pontuação.

GABARITO COMENTADO

A) Nos termos do art. 1.841 do Código Civil: "*Concorrendo à herança do falecido irmãos bilaterais com irmãos unilaterais, cada um destes herdará metade do que cada um daqueles herdar*". Assim, Rafael, irmão unilateral, herdará somente metade do que Alexandre herdar.

B) Nos termos do art. 1.824 do Código Civil, esse irmão teria direito ao seu quinhão hereditário, sendo que a ação judicial cabível seria a petição de herança, cujo prazo prescricional é de dez anos a contar da abertura da sucessão (art. 205 do CC).

Distribuição dos Pontos

ITEM	PONTUAÇÃO
A. O irmão unilateral (Rafael) herdará metade do que o irmão bilateral (Alexandre) herdar (0,50), nos termos do Art. 1.841 do CC (0,10).	0,00 / 0,50 / 0,60
B1. Petição de herança (0,25), conforme o Art. 1.824 do CC (0,10).	0,00 / 0,25 / 0,35
B2. O prazo prescricional para propositura de ação de petição de herança é dez anos a contar da abertura da sucessão (0,20), conforme o Art. 205 do CC (0,10)	0,00 / 0,20 / 0,30

(OAB/Exame Unificado – 2015.3 – 2ª fase) Suzana Carvalho, viúva, tinha como únicos parentes vivos sua irmã Clara Pereira e seu sobrinho Alberto, filho de Clara. Em 2010, Suzana elaborou testamento público nomeando como sua herdeira universal sua amiga Marta de Araújo. Em 2012, Suzana mudou de ideia sobre o destino de seus bens e lavrou testamento cerrado, no qual contemplou com todo o seu patrimônio seu sobrinho Alberto Pereira. No final de 2013, Alberto faleceu num trágico acidente. Suzana faleceu há um mês. Clara Pereira e Marta de Araújo disputam a sua herança. Marta alega que não ocorreu a revogação do testamento de Suzana lavrado em 2010, vez que um testamento público só pode ser revogado por outro testamento público.

Clara procura você como advogado e indaga a quem deve caber a herança de Suzana. Diante disso, com base nos dispositivos legais pertinentes à matéria, responda aos itens a seguir.

A) Suzana podia dispor de todo o seu patrimônio por meio de testamento? **(Valor: 0,40)**

B) Um testamento cerrado pode revogar um testamento público? **(Valor: 0,30)**

C) Com o falecimento de Alberto, quem deve suceder à Suzana? **(Valor: 0,55)**

Obs.: o examinando deve fundamentar suas respostas. A mera citação do dispositivo legal não confere pontuação.

GABARITO COMENTADO

A) Suzana podia dispor de todo o seu patrimônio, uma vez que não tinha herdeiros necessários, sendo certo que os colaterais são herdeiros facultativos, nos termos do art. 1.850 do Código Civil.

B) O testamento público pode ser revogado por qualquer outra forma testamentária. De fato, não há hierarquia entre as formalidades testamentárias, dependendo a revogação de um testamento da validade do testamento revogatório, conforme o que dispõe o art. 1.969 do Código Civil.

C) Nesse caso, a sucessão obedecerá às regras da sucessão legítima, cabendo toda a herança de Suzana à sua irmã Clara Pereira, nos termos do art. 1.829, inciso IV, do Código Civil.

Distribuição dos Pontos

ITEM	PONTUAÇÃO
A. Suzana podia dispor de todo o seu patrimônio, uma vez que não tinha herdeiros necessários, sendo certo que os colaterais são herdeiros facultativos (0,20), segundo o Art. 1.850 do CC. (0,10)	0,00 / 0,20 / 030
B. O testamento público pode ser revogado por qualquer outra forma testamentária (0,20), segundo o Art. 1.969 OU Art. 1.858, ambos do CC. (0,10)	0,00 / 0,20 / 0,30
C. A sucessão será a legítima, sucedendo Clara, irmã de Suzana (0,55), de acordo com o Art. 1.829, IV, do CC. (0,10)	0,00 / 0,55 /0,65

(OAB/Exame Unificado – 2015.1 – 2ª fase) Roberval não possuía filhos e seus pais já eram falecidos. Seu único parente era seu irmão Ângelo, sendo certo que tanto Roberval quanto Ângelo jamais se casaram ou viveram em união estável. Roberval, que tinha um imóvel na Tijuca e outro menor no Flamengo, decidiu beneficiar Caio, seu melhor amigo, em sua sucessão, razão pela qual estabeleceu em seu testamento que, por ocasião de sua morte, o imóvel da Tijuca deveria ser destinado a Caio, passando para os filhos de Caio quando do falecimento deste. Quando Roberval faleceu, Caio já tinha um filho de 05 anos.

Com base no enunciado acima, responda aos itens a seguir.

A) Roberval poderia beneficiar seu amigo Caio em sua sucessão? (Valor: 0,45)

B) Descreva a sucessão de Roberval e como deverá ser dividida a sua herança, consistente nos seus dois imóveis, a saber, o da Tijuca e o do Flamengo (Valor: 0,80).

Responda justificadamente, empregando os argumentos jurídicos apropriados e a fundamentação legal pertinente ao caso.

GABARITO COMENTADO

A) Considerando que Roberval tinha como parente apenas seu irmão Ângelo, que não é herdeiro necessário, consoante o disposto nos artigos 1.845 e 1.850 do Código Civil, Roberval poderia beneficiar Caio em sua sucessão sem qualquer limite quantitativo.

B) O imóvel da Tijuca caberá ao filho de Caio em nua propriedade e a Caio em usufruto, conforme o disposto no parágrafo único do art. 1.952. Já o imóvel do Flamengo caberá ao único parente e herdeiro legítimo de Roberval, a saber, seu irmão Ângelo (art. 1.829, IV, do CC).

Distribuição dos Pontos

ITEM	PONTUAÇÃO
A. Em virtude de não ter herdeiros necessários, Roberval poderia beneficiar Caio sem limite quantitativo (0,35). Artigos 1845 e 1850 do CC (0,10). *Obs.: a simples menção ou transcrição do artigo não será pontuada.*	0,00/0,35/0,45
B. O imóvel da Tijuca caberá ao filho de Caio em nua propriedade e a Caio em usufruto (0,30), conforme o disposto no parágrafo único do Art. 1.952 do CC (0,10). O imóvel do Flamengo caberá ao irmão de Roberval, Ângelo (0,30), por força do Art. 1.829, IV, do CC (0,10). *Obs.: a simples menção ou transcrição do artigo não será pontuada.* *Obs.: a simples menção ou transcrição do artigo não será pontuada.*	0,00/0,30/0,40/0,60/ 0,70/0,80

14. CONSUMIDOR

(OAB/Exame Unificado – 2014.3 – 2ª fase) Heitor, residente em Porto Alegre/RS, firmou, em 10/05/2010, com a Sociedade W S/A, sediada na cidade de São Paulo/SP, contrato de seguro de seu veículo automotor. A apólice prevê cobertura para sinistros ocorridos em todo o país. Em 18/12/2010, Heitor, passeando pela cidade de Salvador/BA, teve seu veículo furtado no estacionamento gratuito do *Shopping* B.

Com base em tal situação, responda aos itens a seguir, utilizando os argumentos jurídicos apropriados e a fundamentação legal pertinente ao caso.

A) Caso Heitor acione a Sociedade W S/A, visando a receber o valor do bem segurado, e a seguradora se negue a cobrir os danos sofridos, alegando não haver cobertura securitária para o infortúnio, poderá Heitor demandar a seguradora na Comarca de Porto Alegre/RS? **(Valor: 0,60)**

B) O Shopping B possui o dever de ressarcir Heitor pelo furto de seu veículo? Fundamente **(Valor: 0,65).**

O examinando deve fundamentar suas respostas. A mera citação do dispositivo legal não confere pontuação.

GABARITO COMENTADO

A) Heitor poderá ajuizar ação de cobrança em face da Seguradora na Comarca de Porto Alegre/RS, em razão da regra de foro especial para o autor da demanda, nos termos do art. 101, inciso I, do CDC ou art. 53, V, do CPC, excetuando a regra consagrada no art. 46, do CPC.

B) Segundo atual entendimento do Superior Tribunal de Justiça, o *shopping* que oferecer estacionamento privativo aos consumidores, mesmo que de forma gratuita, é responsável pela segurança tanto do veículo como do cliente. Nos termos do art. 14, do Código de Defesa do Consumidor e da Súmula 130, do STJ, o *shopping* responderá objetivamente pela reparação dos danos acarretados a Heitor. Nestes casos, há falha no fornecimento da segurança, havendo responsabilidade do shopping pelo fato ou defeito do serviço, não se podendo aplicar a regra de exclusão de responsabilidade baseada na força maior. Tal argumento também está escorado no Princípio da Boa-Fé, na forma do art. 422, do Código Civil.

Distribuição dos Pontos

ITEM	PONTUAÇÃO
A. Heitor poderá propor ação de cobrança em face da Seguradora na Comarca de Porto Alegre/RS, porque o legislador criou uma regra de foro especial para o autor da demanda. (0,50); Fundamentos legais: Art. 101, inciso I do CDC OU Art. 100, parágrafo único, do CPC. (0,10). **Obs.:** *a mera citação de artigo não pontua.*	0,00 -- 0,50 – 0,60
B. Sim, o furto de veículo no estacionamento, ainda que gratuito, caracteriza fato ou defeito do serviço pela falha na prestação da segurança (0,40); O *shopping* possui responsabilidade objetiva pelo ressarcimento dos danos sofridos por Súmula n. 130, do STJ (0,10). **Obs.:** *a mera citação de artigo não pontua.*	0,00 – 0,15 – 0,25 – 0,40 – 0,50 – 0,55 – 0,65

(OAB/Exame Unificado – 2014.2 – 2ª fase) Em 10 de abril de 2013, Paula adquiriu em uma loja de eletrodomésticos um secador de cabelos de última geração. Ao tentar utilizá-lo pela primeira vez, o aparelho explodiu, causando-lhe queimaduras severas na mão direita, que empunhava o secador. Em 10 de setembro de 2013, Paula propôs ação judicial em face de Dryhair S/A, fabricante do aparelho, postulando a reparação de danos extrapatrimoniais. Em sua defesa, a fabricante invocou o transcurso do prazo decadencial de 90 dias para a reclamação de vícios de produtos duráveis.

Diante da situação descrita acima, responda, fundamentadamente, aos itens a seguir.

A) A alegação de decadência é procedente? (Valor: 0,75)

B) Se as partes tivessem estabelecido no contrato de aquisição do produto um limite de R$ 30.000,00 para eventuais indenizações, tal cláusula seria válida no direito brasileiro? (Valor: 0,50)

GABARITO COMENTADO

A) Não. O caso não é de vício do produto, mas de fato do produto. O prazo prescricional aplicável à hipótese é quinquenal previsto no art. 27 do Código de Proteção e Defesa do Consumidor.

B) Não. A cláusula que limita a responsabilidade por fato ou vício do produto perante consumidor pessoa natural é inválida no direito brasileiro, consoante o disposto no Código de Proteção e Defesa do Consumidor, artigos 25 e 51, I.

Distribuição dos Pontos

ITEM	PONTUAÇÃO
A. Não. O caso não é de vício do produto, mas de fato do produto. (0,50). O prazo prescricional aplicável à hipótese é o quinquenal (0,15), previsto no Art. 27, do Código de Proteção e Defesa do Consumidor. (0,10)	0,00 – 0,15 – 0,25 –0,50 – 0,60 -0,65 – 0,75
B. Não. A cláusula que limita a responsabilidade por fato ou vício do produto perante um consumidor pessoa humana é inválida no direito brasileiro, (0,40) consoante o disposto no Código de Proteção e Defesa do Consumidor, artigos 25 ou 51, I. (0,10)	0,00 – 0,40 – 0,50

15. PROCESSO CIVIL

(OAB/2ª FASE – XXXIV) Mário é pai de Julieta – que já alcançou a maioridade, não estuda e vive em união estável com Pedro, com quem tem um filho. Inconformado por ter de pagar alimentos à filha, Mário procura você para, na qualidade de advogado(a), propor uma ação de exoneração de alimentos. Mário afirma que, apesar de estar atravessando uma situação financeira dificílima, continua a pagar os alimentos à filha, mas que deseja, o quanto antes, suspender tais pagamentos, considerando o quadro financeiro por que está passando.

Diante da hipótese apresentada, responda aos itens a seguir.

A) Na hipótese de procedência do pedido de exoneração, a partir de quando Mário ficará desobrigado a pagar os alimentos? Se Mário continuar a arcar com tal verba ao longo do processo, os valores pagos deverão ser devolvidos? (Valor: 0,65)

B) Qual é o mecanismo processual mais apto a evitar, o mais rápido possível, que Mário deixe de pagar os alimentos que entende indevidos e sob qual fundamento? (Valor: 0,60)

Obs.: *o(a) examinando(a) deve fundamentar suas respostas. A mera citação do dispositivo legal não confere pontuação.*

GABARITO COMENTADO

A) Mário fica desobrigado após ser intimado de decisão judicial que determine a *exoneração*, conforme interpretação do Art. 14 da Lei nº 5.478/68, que enuncia que, da sentença, caberá apelação apenas no efeito devolutivo (sem efeito suspensivo). O montante não será devolvido, posto que irrepetível, conforme o verbete sumular nº 621 do STJ.

B) A fim de evitar a não restituição dos valores pagos após a citação, Mário deverá requerer tutela de urgência, fundado na probabilidade do direito (sua filha é maior, não estuda e já vive em união estável) e no risco de dano (sua dificílima situação financeira), na forma do Art. 300 do CPC.

GABARITO COMENTADO – EXAMINADORA

A) Mário fica desobrigado após ser intimado de decisão judicial que determine a *exoneração*, conforme interpretação do Art. 14 da Lei nº 5.478/68, que enuncia que, da sentença, caberá apelação apenas no efeito devolutivo (sem efeito suspensivo). O montante não será devolvido, posto que irrepetível, conforme o verbete sumular nº 621 do STJ.

B) A fim de evitar a não restituição dos valores pagos após a citação, Mário deverá requerer tutela de urgência, fundado na probabilidade do direito (sua filha é maior, não estuda e já vive em união estável) e no risco de dano (sua dificílima situação financeira), na forma do Art. 300 do CPC.

Distribuição dos Pontos

ITEM	PONTUAÇÃO
A1. Mário fica desobrigado após ser intimado de decisão judicial que determine a *exoneração* (0,30), conforme interpretação do Art. 14 da Lei nº 5.478/68 ou conforme o verbete sumular nº 621 do STJ (0,10).	0,00/0,30/0,40
A2. Não será devolvido, porque o montante pago, após esse marco, é irrepetível (0,15), conforme o verbete sumular nº 621 do STJ (0,10).	0,00/0,15/0,25
B. Mário poderá requerer tutela de urgência (0,20), haja vista a probabilidade do direito (sua filha é maior, não estuda e já vive em união estável) (0,15) e o risco de dano (sua dificílima situação financeira) (0,15), na forma do Art. 300, caput, do CPC (0,10).	0,00/0,20/0,30/0,35 0,45/0,50/0,60

(OAB/2ª FASE – XXXII) Jane ajuizou ação em face de *Cisforme Ltda.* pleiteando indenização por danos morais e materiais. Na petição inicial, Jane informa que seu marido, Winston, falecido há dois anos, e cujo inventário já foi concluído e encerrado, foi modelo fotográfico e que o réu vem se utilizando da imagem dele, sem qualquer autorização, para fazer publicidade de seus produtos.

Em contestação, *Cisforme Ltda.* suscita preliminar de ilegitimidade da parte autora, pois alega que a ação deveria ter sido ajuizada pelo espólio do falecido, e não por sua esposa em nome próprio. No mérito, *Cisforme Ltda.* alega a ausência de prova de prejuízo material ou moral decorrente da exposição da imagem do falecido.

Sobre o caso, responda aos itens a seguir.

A) A alegação preliminar de ilegitimidade deve ser acolhida? Justifique. (Valor: 0,65)

B) A alegação de mérito referente à ausência de prova de prejuízo deve ser acolhida? Justifique. (Valor: 0,60)

Obs.: o(a) examinando(a) deve fundamentar suas respostas. A mera citação do dispositivo legal não confere pontuação.

GABARITO COMENTADO

A) Não, a alegação preliminar de ilegitimidade não deve ser acolhida, tendo em vista que o cônjuge sobrevivente tem legitimidade para requerer indenização por lesão a direito da personalidade de morto, de acordo com o Art. 12, parágrafo único, do CC OU Art. 20, parágrafo único do CC OU Súmula 642 do STJ.

B) Não, pois a indenização por lesão a direito à imagem, em publicação com fins comerciais, independe de prova de prejuízo, de acordo com a Súmula 403 do STJ.

GABARITO COMENTADO – EXAMINADORA

A) Não. Trata-se da violação de direito da personalidade (imagem) de pessoa falecida. Com relação à alegação preliminar, o Código Civil atribui legitimação ao cônjuge sobrevivente (Art. 12, parágrafo único, e Art. 20, parágrafo único).

B) Não. Com relação à alegação de mérito, a indenização por dano moral decorrente da violação do direito à imagem prescinde de prova de prejuízo (Súmula 403 do STJ).

Distribuição dos Pontos

ITEM	PONTUAÇÃO
A. Não. O cônjuge tem legitimidade para requerer indenização por lesão a direito da personalidade de morto (0,55), de acordo com o Art. 12, parágrafo único, do CC **ou** Art. 20, parágrafo único do CC **ou** Súmula 642 do STJ (0,10).	0,00 / 0,55 / 0,65
B. Não. A indenização por lesão a direito à imagem, em publicação com fins comerciais, independe de prova de prejuízo (0,50), de acordo com a Súmula 403 do STJ (0,10).	0,00 / 0,50 / 0,60

(OAB/Exame Unificado – 2017.3 – 2ª fase) Após se aposentar, Álvaro, que mora com sua esposa em Brasília, adquiriu de Valério um imóvel, hipotecado, localizado na cidade do Rio de Janeiro, por meio de escritura pública de cessão de direitos e obrigações.

Com a intenção de extinguir a hipoteca, Álvaro pretende pagar a dívida de Valério, mas encontra obstáculos para realizar o seu desejo, já que a instituição credora hipotecária não participou da aquisição do imóvel e alega que o pagamento não pode ser realizado por pessoa estranha ao vínculo obrigacional.

Diante dessa situação, responda aos itens a seguir.

A) Qual é a medida judicial mais adequada para assegurar o interesse de Álvaro? **(Valor: 0,85)**

B) Qual o foro competente para processar e julgar a referida medida? **(Valor: 0,40)**

Obs.: o(a) examinando(a) deve fundamentar as respostas. A mera citação do dispositivo legal não confere pontuação.

GABARITO COMENTADO

A) Álvaro é terceiro interessado no pagamento desta dívida, sendo, portanto, parte legítima para ingressar com uma ação de consignação em pagamento, meio mais adequado conducente à exoneração do devedor, nos termos do art. 304 do Código Civil.

B) O foro competente é o da cidade do Rio de Janeiro, o lugar do pagamento, como prescreve o artigo 540 do CPC/15.

Distribuição dos Pontos

ITEM	PONTUAÇÃO
A. Ação de consignação em pagamento (0,45), já que Álvaro é terceiro interessado e, portanto, parte legítima (0,30), nos termos do Art. 304 do CC **OU** do Art. 539 do CPC/15 (0,10).	0,00/0,45 0,55/0,75/0,85
B. O foro competente é o da cidade do Rio de Janeiro (0,30), conforme o Art. 540 do CPC/15 (0,10).	0,00/0,30/0,40

(OAB/Exame Unificado – 2016.3 – 2ª fase) A sociedade empresária Y, de Porto Alegre, e a sociedade empresária X, com sede em Salvador e filial em São Paulo, ambas de grande porte, firmaram contrato de parceria para desenvolvimento de um programa de instalação de máquinas subterrâneas, que seguiu um modelo de instrumento contratual elaborado pela sociedade empresária X, com cláusula de eleição de foro em São Paulo, local de instalação das máquinas.

Após os primeiros meses de relação contratual, contudo, as sociedades empresárias começaram a encontrar dificuldades para a realização dos serviços, de modo que a sociedade empresária X suspendeu o cumprimento de suas obrigações. Em razão disso, a sociedade empresária Y ajuizou ação de obrigação de fazer perante a Comarca de Porto Alegre, afirmando que a cláusula de eleição de foro, por estar contida em contrato de adesão, não seria válida.

Com base em tais afirmativas, responda aos itens a seguir.

A) É válida a eleição de foro constante do contrato firmado entre as sociedades empresárias Y e X? **(Valor: 0,60)**

B) O juízo de Porto Alegre poderia reconhecer de ofício sua incompetência? **(Valor: 0,65)**

Obs.: o(a) examinando(a) deve fundamentar as respostas. A mera citação do dispositivo legal não confere pontuação.

GABARITO COMENTADO

A) A cláusula de eleição de foro é válida, devendo a ação tramitar perante a Comarca de São Paulo (art. 63 do CPC/15), inicialmente porque há paridade na relação contratual, não se tratando de relação consumerista, a afastar a proteção prevista na Lei 8.078/90; e ainda porque, embora seja possível decretar a nulidade de cláusula contida em contrato de adesão em relações não consumeristas (art. 424 do CC), apenas são nulas as cláusulas que estipulem a renúncia antecipada a direito resultante da natureza do negócio, o que não é a hipótese de criação de foro contratual.

B) Por se tratar de incompetência territorial, esta é relativa e não pode ser declinada de ofício pelo magistrado (art. 64, § 1º, e art. 65, ambos do CPC/15), devendo ser alegada em preliminar de contestação (art. 337, II, CPC/15).

Distribuição dos Pontos

ITEM	PONTUAÇÃO
A. Sim. A cláusula de eleição de foro é válida devendo a ação tramitar perante a Comarca de São Paulo (0,25). Identificação de relação não consumerista ou paritária (0,25). Citação do Art. 63, *caput* OU §1º. do CPC/15 OU Art. 78 do CC OU Súmula 335/STF (0,10).	0,00/0,25/0,35/ 0,50/0,60
B. Não. Por se tratar de competência relativa, não pode ser declinada de ofício pelo magistrado (0,55), segundo o Art. 64, § 1º OU Art. 65, *caput*, do CPC/15 OU Súmula 33/STJ OU Art. 337, II, CPC/15 (0,10).	0,00/0,55/0,65

(OAB/Exame Unificado – 2016.2 – 2ª fase) Jair é representante comercial nascido em Recife. Em virtude da natureza de sua profissão, por vezes passa meses na estrada efetuando entregas em todo o Brasil. Seus pais moram em Manaus, sua esposa e seu filho moram em Salvador.

Com dificuldades financeiras, Jair, na condição de mutuário, realizou contrato de empréstimo com Juca, na condição de mutuante, no valor de R$ 10.000,00. No entanto, na data avençada no contrato para a restituição do valor acordado, Jair não cumpre sua obrigação.

Precisando urgentemente da importância emprestada, Juca, domiciliado em Macapá, obtém um inventário dos clientes de Jair e, de posse de tal lista, localiza-o em Belém.

Considerados os fatos narrados, pergunta-se:

A) Qual é o domicílio de Jair para todos os fins legais? **(Valor: 0,65)**

B) Caso Juca decida ajuizar uma ação em face de Jair enquanto este se encontrar em Belém/PA, onde aquela poderá ser proposta? **(Valor: 0,60)**

Obs.: o examinando deve fundamentar suas respostas. A mera citação do dispositivo legal não confere pontuação.

GABARITO COMENTADO

A) Em virtude da natureza de sua profissão pressupor contínuas viagens, considerar-se-á para todos os fins legais como domicilio de Jair, o local onde for encontrado, nos termos do art. 73 do CC.

B) A ação poderá ser proposta em Macapá OU em Belém, nos termos do art. 46, § 2º, do CPC.

Distribuição dos Pontos

ITEM	PONTUAÇÃO
A. Para fins legais, o domicílio de Jair será o local onde for encontrado (Belém) (0,55), nos termos do Art. 73 do CC (0,10).	0,00 / 0,55 / 0,65

B. A ação poderá ser proposta em Macapá OU em Belém (0,20), já que como é incerto o domicilio de Jair, a ação pode ser ajuizada no domicílio de Juca e também pode ser ajuizada no local em que ele for encontrado (0,30), nos termos do Art. 46, § 2º, do CPC (0,10). **Obs.:** A pontuação será atribuída para respostas que indiquem Macapá, Belém ou ambas as referidas cidades.	0,00 / 0,20 / 0,30 / 0,40 / 0,50 / 0,60

(OAB/Exame Unificado – 2016.2 – 2ª fase) Em 15 de janeiro de 2015, a Financeira X celebrou instrumento particular de contrato de mútuo com Rafael para financiar a aquisição, por este último, de veículo automotor vendido pela Concessionária B. De acordo com o contrato de mútuo, Rafael deveria pagar 30 (trinta) prestações mensais à Financeira X, no valor de R$ 2.000,00 cada, com vencimento no quinto dia útil do mês.

Por meio do correspondente instrumento particular, devidamente anotado no certificado de registro do veículo, a propriedade deste último é alienada fiduciariamente à Financeira X, em garantia do pagamento do mútuo.

Raphael, contudo, inadimpliu a 4ª prestação, tendo sido devidamente constituído em mora pela Financeira X. Com base na situação apresentada, responda aos itens a seguir.

A) O inadimplemento da 4ª prestação autoriza o vencimento antecipado das prestações posteriores (da 5ª à 30ª prestação)? **(Valor: 0,65)**

B) Para consolidar o domínio do veículo em seu nome e autorizar a alienação extrajudicial para a satisfação da dívida, qual o tipo de ação judicial que a financeira X deve mover? **(Valor: 0,60)**

Obs.: O examinando deve fundamentar suas respostas. A mera citação do dispositivo legal não confere pontuação.

GABARITO COMENTADO

A) Sim. Considera-se vencida a dívida quando as prestações não forem pontualmente pagas, de acordo com o art. 2º, § 3º, do Decreto-Lei 911/69, em sua redação vigente, estabelece: "*A mora e o inadimplemento de obrigações contratuais garantidas por alienação fiduciária, ou a ocorrência legal ou convencional de algum dos casos de antecipação de vencimento da dívida facultarão ao credor considerar, de pleno direito, vencidas todas as obrigações contratuais, independentemente de aviso ou notificação judicial ou extrajudicial*".

B) Nos termos dos artigos 2º e 3º do Decreto-Lei 911/69, a ação cabível para o fim de consolidar o domínio do veículo em nome do credor e autorizar a alienação extrajudicial em pagamento da dívida é a ação de busca e apreensão.

Distribuição dos Pontos

ITEM	PONTUAÇÃO
A. Sim. Considera-se vencida a dívida quando as prestações não forem pontualmente pagas (0,55), de acordo com o § 3º do Art. 2º, do Decreto- Lei nº 911/1969 (0,10).	0,00 /0,55 / 0,65
B. Ação de busca e apreensão (0,50), nos termos do art. 3º do Decreto-Lei nº 911/1969 (0,10).	0,00 /0,50 / 0,60

(OAB/Exame Unificado – 2015.3 – 2ª fase) Em ação petitória ajuizada por Marlon em face de Ana, o juiz titular da Vara Cível de Iúna/ES concluiu a audiência de instrução e julgamento, estando o processo pronto para julgamento.

Na referida audiência, Ana comprovou por meio da oitiva do perito do juízo, ter ocorrido o desprendimento de porção considerável de terra situada às margens de rio não navegável, que faz divisa das fazendas das partes, vindo a, natural e subitamente, se juntar ao imóvel da requerida há, aproximadamente, um ano e oito meses. No dia seguinte à conclusão dos autos para prolatação de sentença, o advogado Juliano, filho do juiz titular, requereu a juntada de substabelecimento sem reservas assinado pelo então advogado de Marlon, com o propósito de passar a figurar como novo e exclusivo advogado deste no feito.

Diante do caso apresentado, responda aos itens a seguir, apresentando o fundamento legal.

A) Existe impedimento do juiz em proferir sentença? **(Valor: 0,60)**

B) Verificado o desprendimento da porção de terras, Ana terá direito a permanecer com a porção acrescida mediante pagamento de indenização a Marlon? **(Valor: 0,65)**

Obs.: o examinando deve fundamentar suas respostas. A mera citação do dispositivo legal não confere pontuação.

GABARITO COMENTADO

A) Não. Embora não exista impedimento do juiz, o art. 144, §§1º e 2º, do CPC, veda que o advogado apresente petição nos autos juntando substabelecimento em causa onde seu genitor figure como juiz. Assim, é vedada a juntada de substabelecimento aos autos, de modo a restringir a intencional posterior criação de impedimento do juiz.

B) Ana poderá permanecer titularizando a avulsão, contudo, sem obrigação de indenizar, pois decorrido o prazo de um ano para reclame de Marlon, conforme o art. 1.251 do CC.

Distribuição dos Pontos

ITEM	PONTUAÇÃO
A. Não. O impedimento só se verifica quando o advogado já estava exercendo o patrocínio da causa. OU Não. Porque é vedado ao advogado dar causa ao posterior impedimento por meio da juntada de substabelecimento aos autos (0,50) Conforme parte final do parágrafo único, do Art. 134 do CPC (0,10),	0,00 / 0,50 / 0,60
B. Sim. Ana poderá permanecer com a avulsão (0,25), pois houve o decurso de prazo superior a um ano para reclamação de Marlon (0,20), sendo indevida a indenização a Marlon (0,10), conforme o Art. 1.251 do CC (0,10).	0,00 / 0,10 / 0,20 / 0,25 / 0,30 / 0,35 / 0,40 / 0,45 / 0,55 / 0,65

(OAB/Exame Unificado – 2014.3 – 2ª fase) Bruno ajuizou ação revisional em face do Banco ZB S/A, asseverando que o contrato de financiamento com garantia em alienação fiduciária celebrado está eivado de cláusulas abusivas, sendo necessária sua revisão. O banco não apresentou contestação. Em sentença, os pedidos formulados por Bruno foram julgados totalmente procedentes. Em sede de recurso de apelação, o banco compareceu em juízo, alegando nulidade processual por ausência de citação válida, vez que não foram observadas as prescrições legais. Considerando o caso apresentado e as regras previstas no Código de Processo Civil sobre teoria das nulidades, responda aos itens a seguir.

A) A alegação do Banco ZB S/A, de ausência de citação válida, constitui hipótese de nulidade processual relativa ou absoluta? Fundamente (**Valor: 0,60**).

B) A nulidade da citação está sujeita aos efeitos da preclusão? Fundamente (**Valor: 0,65**).

O examinando deve fundamentar suas respostas. A mera citação do dispositivo legal não confere pontuação.

GABARITO COMENTADO

A) Na teoria das nulidades, a inexistência de citação válida gera nulidade absoluta e não relativa. Como sabido, a citação é o ato de comunicação responsável pela transformação da estrutura do processo, até então linear – integrado por apenas dois sujeitos, autor e Juiz –, em triangular, constituindo pressuposto de eficácia de formação do processo em relação ao réu, bem como requisito de validade dos atos processuais que lhe seguirem, nos termos do art. 239 e do art. 312, ambos do CPC. Assim, ausência de citação ou a citação inválida configuram nulidade absoluta insanável por ausência de pressuposto de existência da relação processual, inteligência do art. 280 do CPC.

B) A nulidade da citação não está sujeita à preclusão, podendo ser reconhecida a qualquer tempo e grau de jurisdição, ultrapassando, inclusive, a barreira da coisa julgada, visto que, sem citação regular e/ou comparecimento espontâneo da parte não se pode sequer cogitar em processo, conforme prescrevem o art. 485, § 3º e o art. 278, parágrafo único, do CPC.

Distribuição dos Pontos

ITEM	PONTUAÇÃO
A) A citação inválida configura nulidade absoluta (0,50), apontando como fundamento legal o Art. 214, *caput*, do CPC ou Art. 247, do CPC (0,10). *Obs.: a simples citação do artigo não pontua.*	0,00/0,50/0,60
B) A nulidade da citação não está sujeita à preclusão, podendo ser reconhecida a qualquer tempo e grau de jurisdição (0,55), na forma do Art. 267, § 3º ou do Art. 245, parágrafo único, do CPC. (0,10). *Obs.: a simples citação do artigo não pontua.*	0,00/0,55/0,65

(**OAB/Exame Unificado – 2014.1 – 2ª fase**) Marcelo ajuizou ação de cobrança, pelo rito ordinário, em face de Diogo. Os autos foram distribuídos para a 2ª Vara Cível da Comarca 'X', do Estado 'Y', tramitando pelo sistema digital. Considerando o caso apresentado e as regras sobre o processo judicial eletrônico, responda aos itens a seguir, apontando o fundamento legal.

A) Caso o patrono de Diogo não consiga enviar sua contestação, no último dia do prazo, por **indisponibilidade do sistema devido a motivos técnicos, haverá preclusão temporal? Fundamente** (**Valor: 0,65**).

B) Indique o procedimento que o advogado de Diogo deve adotar, caso os documentos, a serem juntados aos autos, sejam ilegíveis e, por isso, inviável a digitalização. Fundamente **(Valor: 0,60)**.

A simples menção ou transcrição do dispositivo legal não pontua.

GABARITO COMENTADO

A) Não haverá preclusão temporal pelo não envio da contestação no prazo legal, vez que havendo impossibilidade de ser encaminhada a petição eletrônica no prazo estipulado por motivos técnicos, prorrogar-se-á automaticamente o prazo para o primeiro dia útil seguinte à resolução do problema, nos termos do art. 10, §2º, da Lei 11.419/2006.

B) O patrono de Diogo deverá, por meio de petição eletrônica, informar o fato e apresentar os documentos ao cartório ou à secretaria no prazo de 10 (dez) dias contados a partir do envio de petição eletrônica, sendo os mesmos devolvidos à parte após o trânsito em julgado, apontando como fundamento legal o art. 11, §5º, da Lei 11.419/06.

Distribuição dos Pontos

ITEM	PONTUAÇÃO
A) Não há preclusão temporal, mas sim, prorrogação automática do prazo para o primeiro dia útil seguinte à resolução do problema (0,45), apresentando como fundamento legal o artigo 10, §2º, da Lei nº 11.419/06 (0,20). *Obs.: A simples menção ou transcrição do dispositivo legal não pontua.*	0,00/0,45/0,65
B) O patrono de Diogo deverá, por meio de petição eletrônica, informar o fato e apresentar os documentos ao cartório ou à secretaria no prazo de 10 (dez) dias contados a partir do envio de petição eletrônica, sendo os mesmos devolvidos à parte após o trânsito em julgado, (0,40), apontando como fundamento legal o artigo 11, §5º, da Lei nº 11.419/06 (0,20). *Obs.: A simples menção ou transcrição do dispositivo legal não pontua.*	0,00/0,40/0,60

16. QUESTÕES COMBINADAS E OUTROS TEMAS

(OAB/2ª FASE – XXXIV) Em 5 de fevereiro de 2017, Anderson trafegava em alta velocidade pela via pública com sua motocicleta quando, perdendo controle do veículo, saiu da pista e colidiu contra a porta frontal da casa de Alcides. A colisão não apenas destruiu a porta como também causou um abalo estrutural na fachada da casa, cujos reparos foram extremamente custosos para Alcides.

Aborrecido com o acontecimento, Alcides permaneceu muito tempo recusando-se a pensar novamente no acontecido. Em 28 de janeiro de 2020, porém, aconselhado por um advogado, Alcides ingressou com uma ação judicial em face de Anderson, reclamando o prejuízo financeiro sofrido. Em 28 de maio de 2020, foi proferido, pelo juízo competente, o despacho de citação do réu, tendo a citação ocorrido em 5 de junho de 2020.

A respeito desse caso, responda aos itens a seguir.

A) A pretensão de Alcides ainda era exigível ao tempo do ajuizamento da ação? Justifique. (Valor: 0,65)

B) Tendo em vista a data em que foi proferido, o despacho de citação teve o efeito de interrupção do prazo prescricional em favor do autor? Justifique. (Valor: 0,60)

Obs.: o(a) examinando(a) deve fundamentar suas respostas. A mera citação do dispositivo legal não confere pontuação.

GABARITO COMENTADO

A) Sim. A pretensão deduzida por Alcides tem, por fundamento, a prática de ilícito extracontratual (responsabilidade civil aquiliana) por parte de Anderson. Assim, aplica-se ao caso o prazo prescricional previsto pelo Art. 206, § 3º, inciso V, do CC, para as pretensões oriundas da responsabilidade civil. Como a ação foi ajuizada antes do decurso do prazo de três anos, a contar da data em que provocado o dano, a pretensão de Alcides ainda era plenamente exigível.

B) Sim. Embora proferido após o decurso do prazo de três anos, a contar do surgimento da pretensão autoral, o despacho de citação teve o condão de provocar a interrupção do prazo prescricional em favor do autor, porque, uma vez ultimada a citação do réu, o efeito interruptivo da prescrição retroage à data de propositura da ação, nos termos do Art. 240, § 1º, do CPC. Portanto, no caso em tela, operou-se a interrupção da prescrição em favor de Alcides.

GABARITO COMENTADO – EXAMINADORA

A) Sim. A pretensão deduzida por Alcides tem, por fundamento, a prática de ilícito extracontratual por parte de Anderson. Assim, aplica-se ao caso o prazo prescricional previsto pelo Art. 206, § 3º, inciso V, do CC, para as pretensões oriundas da responsabilidade civil. Como a ação foi ajuizada antes do decurso do prazo de três anos, a contar da data em que provocado o dano, a pretensão de Alcides ainda era plenamente exigível.

B) Sim. Embora proferido após o decurso do prazo de três anos, a contar do surgimento da pretensão autoral, o despacho de citação teve o condão de provocar a interrupção do prazo prescricional em favor do autor, porque, uma vez ultimada a citação do réu, o efeito interruptivo da prescrição retroage à data de propositura da ação, nos termos do Art. 240, § 1º, do CPC. Portanto, no caso em tela, operou-se a interrupção da prescrição em favor de Alcides.

Distribuição dos Pontos

ITEM	PONTUAÇÃO
A1. Sim, pois a pretensão deduzida por Alcides fundamenta-se em responsabilidade civil aquiliana (0,25).	0,00/0,25
A2. Sendo aplicável a ela o prazo trienal (0,30) previsto pelo Art. 206, § 3º, inciso V, do CC (0,10).	0,00/0,30/0,40
B. Sim, pois o efeito interruptivo do despacho de citação retroage à data de propositura da ação (0,30) desde que tenha ocorrido a citação do réu (0,20), nos termos do Art. 240, § 1º, do CPC (0,10).	0,00/0,20/0,30/ 0,40/0,50/0,60

(OAB/2ª FASE – XXXIII) Após áspera discussão, cujo tema central era um assunto banal, Pedro foi agredido por João. A agressão lhe causou lesões graves, o que, embora não tenha caracterizado dano estético, impediu que ele exercesse sua atividade laboral (motorista particular) durante o período de 12 meses, 3 dos quais permaneceu internado em hospital particular.

Pedro, já recuperado, não consegue trabalhar com a mesma eficiência de antes, o que reduziu sua renda mensal. Mas, como ele necessita de medicação de forma habitual, seus gastos aumentaram, e, para agravar sua situação, não há previsão de término do tratamento. Além disso, já tendo gasto todas as suas economias, Pedro precisa quitar a dívida referente à internação, uma vez que não possui plano de saúde.

Diante de tais circunstâncias, Pedro procura um advogado, que o orienta a pleitear judicialmente reparação por danos materiais (que, segundo o causídico, se resumiria ao valor da dívida com o hospital e aos recursos necessários ao tratamento e à compra da medicação habitual pelo autor) e morais em face de João.

Deduzidas as pretensões em Juízo, após o transcurso regular do feito, o pedido relacionado aos danos morais é julgado procedente, fixando-se a título de compensação o valor de R$ 20.000,00 (vinte mil reais). Já o pedido referente aos danos materiais é julgado procedente, mas sem a fixação de valor reparatório (quantia ilíquida), ressaltando o magistrado, na sentença, que o montante devido seria objeto de futura liquidação. Nenhuma das partes recorreu, tendo a sentença transitado em julgado.

Premido pela necessidade imediata, Pedro pergunta a seu patrono se poderia desde logo iniciar a execução do julgado em relação à quantia já fixada (danos morais). Após consultar o Código de Processo Civil, o advogado responde que, sendo a liquidação de sentença uma etapa autônoma e necessária, deveria ser aguardada a definição de todos os valores devidos antes de se iniciar a fase de cumprimento de sentença, que deve ser una.

Diante de tais circunstâncias, responda aos itens a seguir.

A) Em relação ao dano material, além das despesas com internação, tratamento e medicação, poderia ser incluído algum outro valor de reparação na composição da indenização? Qual? (Valor:0,60)

B) A resposta dada pelo advogado à indagação de Pedro está correta, ou haveria alguma medida ou requerimento processual capaz de conferir maior celeridade à cobrança da parcela indenizatória já definida (compensação por danos morais)? (Valor: 0,65)

Obs.: o(a) examinando(a) deve fundamentar suas respostas. A mera citação do dispositivo legal não confere pontuação.

GABARITO COMENTADO

A) Sim. A indenização, além das despesas do tratamento e lucros cessantes até o fim da convalescença, poderia incluir pensão correspondente à importância do trabalho para o qual se inabilitou o autor, **ou** da depreciação que ele sofreu, nos termos do Art. 950 do CC.

B) A resposta do advogado está incorreta, pois seria possível iniciar desde logo a execução do julgado (fase de cumprimento de sentença) em relação à quantia líquida (compensação por danos morais). A solução do caso está prevista expressamente no Art. 509, § 1º, do Código de Processo Civil, *in verbis: quando na sentença houver uma parte líquida e outra ilíquida, ao credor é lícito promover simultaneamente a execução daquela e, em autos apartados, a liquidação desta.*

GABARITO COMENTADO – EXAMINADORA

A questão trata dos temas *responsabilidade civil* (Direito Civil) e *liquidação de sentença* (Direito Processual Civil).

A) Sim. A indenização, além das despesas do tratamento e lucros cessantes até ao fim da convalescença, poderia incluir pensão correspondente à importância do trabalho para o qual o autor se inabilitou, **ou** da depreciação que ele sofreu, nos termos do Art. 950 do Código Civil.

B) A resposta do advogado está incorreta, pois seria possível iniciar desde logo a execução do julgado (fase de cumprimento de sentença) em relação à quantia líquida (compensação por danos morais). A solução do caso está prevista expressamente no Art. 509, § 1º, do Código de Processo Civil, *in verbis: quando na sentença houver uma parte líquida e outra ilíquida, ao credor é lícito promover simultaneamente a execução daquela e, em autos apartados, a liquidação desta.*

Distribuição dos Pontos

ITEM	PONTUAÇÃO
A. Sim. A indenização, além das despesas do tratamento e lucros cessantes até o fim da convalescença, poderia incluir pensão correspondente à importância do trabalho para o qual se inabilitou o autor, **ou** da depreciação que ele sofreu (0,50), nos termos do Art. 950 do CC (0,10).	0,00/0,50/0,60
B. Não. A resposta do advogado está incorreta, pois seria possível iniciar desde logo a execução do julgado (fase de cumprimento de sentença) em relação à quantia líquida (0,55), por força do Art. 509, § 1º, do CPC (0,10).	0,00/0,55/0,65

(OAB/Exame Unificado – 2020.1 – 2ª fase) Lúcia é viúva, mãe de 5 filhos pequenos e está desempregada. Sem ter onde morar e sem ser proprietária de outro imóvel, adentra, sem violência, à vista de todos, um terreno de 100 m², vazio e aparentemente abandonado na zona rural de Campo Grande/MS, em 20/01/2013. Com a ajuda de amigos, constrói um pequeno cômodo e começa a plantar para garantir a subsistência da família. Depois de alguns bons resultados na colheita, passa a vender o excedente da sua produção, fazendo da agricultura sua fonte de renda.

Em 20/02/2019, Lúcia procura orientação jurídica especializada para saber dos seus direitos sobre o imóvel que ocupa, sem oposição, desde 2013. Ao conversar com Cristina, advogada sensibilizada com sua luta, Lúcia é informada que tem direito de pleitear a usucapião do imóvel, cujo pedido judicial é distribuído em 20/03/2019, acompanhado das certidões de cartórios de registros de imóveis, que efetivamente provam não ser proprietária de outro imóvel.

Cristóvão, inscrito no registro como proprietário do terreno, é regularmente citado e oferece contestação, na qual alega que Lúcia deixou de fazer prova da não titularidade de outro imóvel, o que demandaria a anexação de certidões negativas de todos os registros públicos do país. Ao julgar o pedido, o Juízo julga improcedente o pedido de Lúcia, corroborando integralmente o entendimento esboçado na contestação por Cristóvão.

Diante do caso narrado, responda aos itens a seguir.

A) Cristina orientou corretamente Lúcia acerca da usucapião? **(Valor: 0.50)**

B) Qual a medida processual cabível contra a decisão proferida em desfavor de Lúcia? Sob qual fundamento? **(Valor: 0,75)**

Obs.: *o(a) examinando(a) deve fundamentar suas respostas. A mera citação do dispositivo legal não confere pontuação.*

GABARITO COMENTADO

A) Sim. Considerando os termos indicados na questão, Lúcia está apta a pleitear a aquisição da propriedade pela usucapião na modalidade especial rural, prevista no Art. 1.239 do CC.

B) Deve usar o recurso de apelação (Art. 1.009 do CPC), sob o fundamento de que cabe ao réu a prova do fato impeditivo do direito do autor (Art. 373, inciso II, do CPC), podendo ainda o juiz, diante da excessiva dificuldade decorrente da requisição de certidões negativas de todos os registros públicos do país, atribuir, de imediato, esse ônus ao réu, caso este queira impugnar a declaração de não titularidade feita pelo autor na inicial (Art. 373, § 1º, do CPC).

RESPOSTA DO AUTOR

A) Cristina orientou corretamente Lúcia acerca da usucapião, pois a peticionante está apta a pleitear a usucapião na modalidade especial rural, prevista no Art. 1.239 do CC. Neste passo, os requisitos necessários são: não ser proprietário de outro imóvel rural ou urbano, possuir como sua, por cinco anos ininterruptos, sem oposição, área de terra em zona rural não superior a cinquenta hectares, tornando-a produtiva por seu trabalho ou de sua família, tendo nela sua moradia, adquirir-lhe-á a propriedade. De acordo com enunciado Lúcia preenche todas essas exigências.

B) A medida processual cabível contra a decisão proferida em desfavor de Lúcia é o recurso de apelação, nos termos do Art. 1.009 do CPC, uma vez que a decisão proferida foi uma sentença. O fundamento central da apelação consiste em que cabe ao réu a prova do fato impeditivo do direito do autor (Art. 373, inciso II, do CPC), podendo ainda o juiz, diante da excessiva dificuldade da requisição de certidões negativas de todos os registros públicos do país, atribuir, de imediato, esse ônus ao réu, caso este queira impugnar a declaração de não titularidade feita pelo autor na inicial (Art. 373, § 1º, do CPC). Portanto, vê-se que a decisão é plenamente passível de reforma e Cristóvão que deverá provar que Lúcia é proprietária de outro imóvel.

(OAB/Exame Unificado – 2020.1 – 2ª fase) Joana, completamente apaixonada pelo seu namorado Antônio, com quem divide sua residência há anos, descobre que está grávida deste. Ao dar a notícia a Antônio, este avisa que não assumirá o filho. Joana consulta um advogado que afirma seu direito à percepção de alimentos durante a gestação.

Na sequência, Antônio e Joana celebram um acordo extrajudicial, por escrito, para o pagamento de R$ 1.000,00 mensais, a tal título.

Sobre a hipótese apresentada, responda aos itens a seguir.

A) A orientação dada pelo advogado a Joana está correta? **(Valor: 0,55)**

B) Caso o acordo não seja cumprido, há a possibilidade de sua execução? É possível a prisão de Antônio se não pagar a dívida? **(Valor: 0,70)**

Obs.: o(a) examinando(a) deve fundamentar suas respostas. A mera citação do dispositivo legal não confere pontuação.

GABARITO COMENTADO

A) Sim. Joana tem direito a alimentos gravídicos, de acordo com o Art. 2º da Lei nº 11.804/08.

B) Sim. É possível a execução de alimentos por título extrajudicial, na forma do Art. 911 do CPC. É possível a prisão de Antônio, pois esta é aplicável se o executado não pagar a dívida, na forma do Art. 911 e do Art. 528, § 3º, ambos do CPC.

RESPOSTA DO AUTOR

A) Sim, a orientação dada pelo advogado de Joana está correta, pois ela tem direito a receber alimentos gravídicos, de acordo com o Art. 2º da Lei nº 11.804/08. Esses alimentos compreenderão os valores suficientes para cobrir as despesas adicionais do período de gravidez e que sejam dela decorrentes.

B) Sim, caso o acordo não seja cumprido há possibilidade de sua execução, pois o Art. 911 do CPC autoriza a execução de alimentos fixados em título executivo extrajudicial. A prisão pelo inadimplemento do pagamento pode ocorrer normalmente, com fulcro nos Arts. 911 e 528, § 3º, ambos do CPC. O executado poderá ficar preso de um a três meses em regime fechado e deve ficar separado dos outros presos.

(OAB/Exame Unificado – 2020.1 – 2ª fase) Em 30/6/2019, Marcelo ajuizou, com fundamento no Art. 700 e seguintes do Código de Processo Civil, ação monitória contra Rafael, visando satisfazer crédito no valor de R$ 100.000,00, oriundo de confissão de dívida celebrada pelas partes, em 01/01/2014.

Após ser devidamente citado, Rafael opôs embargos monitórios, nos quais sustentou, preliminarmente, a prescrição da dívida. No mérito, defendeu, com base em farta prova documental, que tinha realizado o pagamento de 50% (cinquenta por cento) do crédito cobrado por Marcelo, razão pela qual haveria excesso na execução.

Após a apresentação de réplica, o MM. Juízo da Vara Cível da Comarca da Capital do Rio de Janeiro proferiu decisão na qual rejeitou a preliminar de prescrição arguida por Rafael e intimou as partes a informarem as provas que pretendiam produzir.

Com base nesse cenário, responda aos itens a seguir.

A) O MM. Juízo da Vara Cível da Comarca da Capital do Rio de Janeiro acertou em rejeitar a preliminar arguida em contestação? **(Valor: 0,60)**

B) Qual é o recurso cabível contra a parcela da decisão que rejeitou a preliminar de prescrição? **(Valor: 0,65)**

Obs.: o examinando deve fundamentar suas respostas. A mera citação do dispositivo legal não confere pontuação.

GABARITO COMENTADO

A) Não. Tendo em vista que o contrato de confissão de dívida foi celebrado em 01/01/2014, Marcelo, por força do Art. 206, § 5º, do CC, tinha cinco anos para realizar a cobrança do crédito. Assim, tendo em vista que a demanda monitória foi ajuizada em 30/6/2019, constata-se a prescrição da dívida.

B) O recurso cabível é o *Agravo de Instrumento*. O Art. 487, inciso II, do CPC, dispõe que *"haverá resolução de mérito quando o juiz: (...) decidir, de ofício ou a requerimento, sobre a ocorrência de decadência ou prescrição"*. Assim, a parcela da decisão que rejeitou a preliminar de prescrição suscitada por Rafael versa sobre o mérito do processo. Por esse motivo, o recurso cabível contra essa parcela da decisão é o Agravo de Instrumento, na forma do Art. 1.015, inciso II, do CPC, o qual prevê que *"cabe agravo de instrumento contra as decisões interlocutórias que versarem sobre: (...) mérito do processo"*.

RESPOSTA DO AUTOR

A) O juiz não acertou em rejeitar a preliminar arguida em contestação, uma vez que a pretensão encontra-se efetivamente prescrita, nos termos do Art. 206, § 5º, do CC. Neste passo, a confissão de dívida foi celebrada em 01/01/2014. O prazo para sua cobrança era de 5 anos, contudo a demanda monitória apenas foi ajuizada em 30/6/2019, excedendo os cinco anos previstos em Lei.

B) O recurso cabível contra a parcela da decisão que rejeitou a preliminar de prescrição é o agravo de instrumento. A decisão do juiz que decide, de ofício ou a requerimento, sobre a ocorrência de decadência ou prescrição é uma decisão com resolução do mérito, consoante previsto no Art. 487, II do CPC. Neste sentido, o CPC é expresso no Art. 1.015, II que o recurso cabível contra decisões interlocutórias que enfrentam o mérito do processo é o agravo de instrumento.

(OAB/Exame Unificado – 2020.1 – 2ª fase) Davi foi locatário de um imóvel residencial de propriedade de Ricardo. A locação, por prazo determinado, era garantida por Lucas, que prestara fiança a Ricardo, resguardado seu benefício de ordem.

Finda a locação, Lucas ficou sabendo que Davi havia deixado de pagar os aluguéis referentes aos dois últimos meses de permanência no imóvel. Preocupado com as consequências do suposto descumprimento de Davi, Lucas procurou Ricardo e realizou o pagamento dos dois aluguéis, tendo o locador dado plena quitação a ele.

Tempos depois, como Davi se recusava a reembolsar Lucas pelos valores pagos, este ingressou com ação de cobrança em face daquele. Na ação, porém, Davi alegou, em contestação, que pagara em dia todos os aluguéis devidos a Ricardo, de modo que Lucas nada deveria ter pago ao locador sem tê-lo consultado. Davi ainda informou ao juiz da causa que já havia ajuizado uma ação declaratória de inexistência de débito em face de Ricardo, a qual ainda estava pendente de julgamento, tramitando perante juízo de outra comarca.

A respeito do caso narrado, responda aos itens a seguir.

A) O argumento apresentado por Davi, se vier a ser comprovado, é suficiente para eximi-lo de reembolsar Lucas pelos valores pagos a Ricardo? Justifique. **(Valor: 0,65)**

B) Diante da necessidade de apurar se o valor dos dois aluguéis era ou não devido por Davi a Ricardo, à luz da informação da propositura de ação declaratória de inexistência de débito, qual providência deve ser adotada pelo juízo da ação de cobrança? Justifique. **(Valor: 0,60)**

Obs.: o(a) examinando(a) deve fundamentar suas respostas. A mera citação do dispositivo legal não confere pontuação.

GABARITO COMENTADO

A) Sim. Lucas atuou, no presente caso, como terceiro interessado, na medida em que realizou pagamento de dívida pela qual poderia vir a ser juridicamente responsabilizado em caso de inadimplemento pelo devedor principal (Davi). Portanto, Lucas realizou pagamento com sub-rogação, nos termos do Art. 346, inciso III, do Código Civil. Embora tal modalidade de pagamento justifique que o terceiro se sub-rogue nos direitos do credor em face do devedor principal, o Art. 306 do Código Civil determina que o pagamento feito por terceiro com desconhecimento do devedor não obriga a reembolsar aquele que pagou, se o devedor tinha meios de ilidir a ação. Portanto, se restar comprovado que Davi nada mais devia a Ricardo, por já ter quitado integralmente o débito anterior, tal argumento é suficiente para eximi-lo de reembolsar as despesas de Lucas.

B) A declaração de inexistência de débito discutida na ação movida por Davi em face de Ricardo consiste em uma questão prejudicial externa da ação de cobrança movida por Lucas. Não se tratando de hipótese de conexão ou de continência, incumbe ao juízo da ação de cobrança suspender o processo enquanto pendente de julgamento a ação declaratória, nos termos do Art. 313, inciso V, alínea *a*, do CPC, que determina o sobrestamento do feito quando a sentença de mérito depender do julgamento de outra causa ou da declaração de existência ou de inexistência de relação jurídica que constitua o objeto principal de outro processo pendente.

RESPOSTAS DO AUTOR

A) Se o argumento apresentado por Davi sobre a quitação do débito com Ricardo vier a ser comprovado a alegação será suficiente para eximi-lo de reembolsar Lucas. Neste passo, Lucas atuou, no presente caso, como terceiro interessado, na medida em que realizou pagamento de dívida pela qual poderia vir a ser juridicamente responsabilizado em caso de inadimplemento pelo devedor principal (Davi). Portanto, Lucas realizou pagamento com sub-rogação, nos termos do Art. 346, inciso III, do Código Civil. Embora tal modalidade de pagamento justifique que o terceiro se sub-rogue nos direitos do credor em face do devedor principal, o Art. 306 do Código Civil determina que o pagamento feito por terceiro com desconhecimento do devedor não obriga a reembolsar aquele que pagou, se o devedor tinha meios de ilidir a ação. Portanto, se restar comprovado que Davi nada mais devia a Ricardo, por já ter quitado integralmente o débito anterior, tal argumento é suficiente para eximi-lo de reembolsar as despesas de Lucas.

B) A providência imediata é a suspensão da ação de cobrança enquanto pendente de julgamento a ação declaratória. Neste sentido, a declaração de inexistência de débito discutida na ação movida por Davi em face de Ricardo consiste em uma questão prejudicial externa da ação de cobrança movida por Lucas. Não se tratando de hipótese de conexão ou de continência, incumbe ao juízo da ação de cobrança suspender o processo enquanto pendente de julgamento a ação declaratória, nos termos do Art. 313, inciso V, alínea *a*, do CPC, que determina o sobrestamento do feito quando a sentença de mérito depender do julgamento de outra causa ou da declaração de existência ou de inexistência de relação jurídica que constitua o objeto principal de outro processo pendente.

PEÇAS
PRÁTICO-PROFISSIONAIS

(OAB/Exame Unificado – 2014.1 – 2ª fase) Em 15 de janeiro de 2013, Marcelo, engenheiro, domiciliado no Rio de Janeiro, efetuou a compra de um aparelho de ar condicionado fabricado pela "G" S. A., empresa sediada em São Paulo. Ocorre que o referido produto, apesar de devidamente entregue, desde o momento de sua instalação, passou a apresentar problemas, desarmando e não refrigerando o ambiente. Em virtude dos problemas apresentados, Marcelo, no dia 25 de janeiro de 2013, entrou em contato com o fornecedor, que prestou devidamente o serviço de assistência técnica. Nessa oportunidade, foi trocado o termostato do aparelho. Todavia, apesar disso, o problema persistiu, razão pela qual Marcelo, por diversas outras vezes, entrou em contato com a "G" S. A. a fim de tentar resolver a questão amigavelmente. Porém, tendo transcorrido o prazo de 30 (trinta) dias sem a resolução do defeito pelo fornecedor, Marcelo requereu a substituição do produto. Ocorre que, para a surpresa de Marcelo, a empresa negou a substituição do mesmo, afirmando que enviaria um novo técnico à sua residência para analisar novamente o produto. Sem embargo, a assistência técnica somente poderia ser realizada após 15 (quinze) dias, devido à grande quantidade de demandas no período do verão. Registre-se, ainda, que, em pleno verão, a troca do aparelho de ar condicionado se faz uma medida urgente, posto que as temperaturas atingem níveis cada vez mais alarmantes. Ademais, Marcelo comprou o produto justamente em função da chegada do verão. Inconformado, Marcelo o procura, para que, na qualidade de advogado, proponha a medida judicial adequada para a troca do aparelho, abordando todos os aspectos de direito material e processual pertinentes. (Valor: 5,00)

GABARITO COMENTADO – EXAMINADORA

A peça cabível será uma **AÇÃO DE OBRIGAÇÃO DE FAZER COM PEDIDO DE TUTELA ANTECIPADA** direcionada a um dos Juizados Especiais Cíveis da Comarca do Rio de Janeiro ou, ainda, ao Juízo de uma das Varas Cíveis também da Comarca do Rio de Janeiro (foro de domicílio do autor, nos termos do artigo 101, I, do CDC). A ação poderá ser proposta ainda na Comarca de São Paulo (foro de domicílio do réu), seguindo a regra geral do CPC. O candidato deve destacar que se trata de uma relação de consumo, nos termos do disposto nos arts. 2º e/ou 3º do CDC.

O candidato deve indicar, como fundamento, que o produto adquirido possui vícios de qualidade que o torne impróprio ou inadequado ao consumo a que se destina ou lhe diminua o valor, nos termos do que dispõe o art. 18, caput do CDC. Além disso, deve indicar que o vício não foi sanado no prazo máximo de trinta dias, podendo o consumidor exigir a substituição do produto por outro da mesma espécie, em perfeitas condições de uso, nos termos do §1º, do art. 18 do CDC ou demonstrar que, em razão da extensão do vício, a substituição das partes viciadas compromete a qualidade ou características do produto ou se trata de produto essencial, nos termos do §3º, do art. 18 do CDC. Por fim, o pedido de tutela antecipada deve ser feito com fundamento nos artigos 300 e/ou 311, do CPC, ou no artigo 84, § 3º, da Lei nº 8.078/90.

(OAB/Exame Unificado – 2014.2 – 2ª fase) Pedro, brasileiro, solteiro, jogador de futebol profissional, residente no Rio de Janeiro/RJ, legítimo proprietário de um imóvel situado em Juiz de Fora/MG, celebrou, em 1º de outubro de 2012, contrato por escrito de locação com João, brasileiro, solteiro, professor, pelo prazo de 48 (quarenta e oito) meses, ficando acordado que o valor do aluguel seria de R$ 3.000,00 (três mil reais) e que, dentre outras obrigações, João não poderia lhe dar destinação diversa da residencial. Ofertou fiador idôneo. Após um ano de regular cumprimento da avença, o locatário passou a enfrentar dificuldades financeiras. Pedro, depois de quatro meses sem receber o que lhe era devido, ajuizou ação de despejo cumulada com cobrança de aluguéis perante a 2ª Vara Cível da Comarca de Juiz de Fora/MG, requerendo, ainda, antecipação de tutela para que o réu/locatário fosse despejado liminarmente, uma vez que desejava alugar o mesmo imóvel para Francisco.

O magistrado recebe a petição inicial, regularmente instruída e distribuída, e defere a medida liminar pleiteada, concedendo o prazo de 72 (setenta e duas) horas para João desocupar o imóvel, sob pena de multa diária de R$ 2.000,00 (dois mil reais).

Desesperado, João o procura, para que, na qualidade de seu advogado, interponha o recurso adequado (excluídos os embargos declaratórios) para se manter no imóvel, abordando todos os aspectos de direito material e processual pertinentes. (Valor: 5,00)

GABARITO COMENTADO – EXAMINADORA

Trata-se de decisão interlocutória proferida em ação de despejo fundada em falta de pagamento no qual o magistrado, contrariando o que prevê o art. 62, II, da Lei nº 8.245/91, observado, ainda, o art. 59, § 1º, IX da mesma Lei, determinou a desocupação do imóvel *inaudita altera parte*, sem conceder ao locatário o direito de, em 15 (quinze) dias, purgar a mora. Ademais, a utilização das astreintes para o despejo é claramente descabida, na medida em que bastaria, para tanto, a determinação de remoção de pessoas e/ou coisas (art. 537 e art. 536, §1º e art. 139, IV todos do CPC). Assim sendo, o examinando deve elaborar um recurso de agravo de instrumento (art. 1.015, CPC), demonstrando o seu cabimento ("lesão grave e de difícil ou incerta reparação"), requerendo a antecipação de tutela recursal (art. 1.019, I, do CPC), a fim de que a decisão recorrida tenha sua eficácia suspensa até o julgamento final do recurso. Cabe, ainda, ao candidato demonstrar a presença dos requisitos de admissibilidade (art. 1.017 do CPC) e requerer, ao final, o provimento recursal (art. 1.015 e seguintes, do CPC).

(OAB/Exame Unificado – 2014.3 – 2ª fase) João utiliza todos os dias, para retornar do trabalho para sua casa, no Rio de Janeiro, o ônibus da linha "A", operado por Ômega Transportes Rodoviários Ltda. Certo dia, o ônibus em que João era passageiro colidiu frontalmente com uma árvore. A perícia concluiu que o acidente foi provocado pelo motorista da sociedade empresária, que dirigia embriagado. Diante disso, João propôs ação de indenização por danos materiais e morais em face de Ômega Transportes Rodoviários Ltda. O Juiz julgou procedentes os pedidos para condenar a ré a pagar a João a quantia de R$ 5.000,00 (cinco mil reais), a título de danos materiais, e mais R$ 2.500,00 (dois mil e quinhentos reais) para compensar os danos morais sofridos. Na fase de cumprimento de sentença, constatada a insolvência da pessoa jurídica para o pagamento de suas obrigações, o Juiz deferiu o pedido de desconsideração da personalidade jurídica, procedendo à penhora, que recaiu sobre o patrimônio dos sócios Y e Z. Diante disso, os sócios de Ômega Transportes Rodoviários Ltda. interpuseram agravo de instrumento, ao qual o Tribunal de Justiça, por unanimidade, deu provimento para reformar a decisão interlocutória e indeferir o requerimento, com fundamento nos artigos 2º e 28 do CDC (Lei nº 8.078/90), por não haver prova da existência de desvio de finalidade ou de confusão patrimonial. O acórdão foi disponibilizado no DJe em 05/05/2014 (segunda-feira), considerando-se publicado no dia 06/05/2014. Inconformado com o teor do acórdão no agravo de instrumento proferido pelo TJ/RJ, João pede a você, na qualidade de advogado, a adoção das providências cabíveis.

Sendo assim, redija o recurso cabível (excluída a hipótese de embargos de declaração), no último dia do prazo, tendo por premissa que todas as datas acima indicadas são dias úteis, assim como o último dia para interposição do recurso. (Valor: 5,00)

GABARITO COMENTADO – EXAMINADORA

A peça processual cabível é o recurso especial para o STJ, nos termos do art. 105, III, a, da CF/88, bem como do art. 1.029 e seguintes do CPC. Deverá ser interposto por João perante o Presidente ou o 3º Vice-Presidente do TJ/RJ, para o juízo prévio de admissibilidade, indicando os sócios Y e Z, da pessoa jurídica, como recorridos.

Os fundamentos do recurso são a violação dos artigos 2º e 28 do CDC, eis que, tratando-se de relação de consumo (art. 2º do CDC), a desconsideração da personalidade jurídica é regida pela teoria menor (art. 28 do CDC), que dispensa a prova da existência de desvio de finalidade ou de confusão patrimonial, bastando a constatação da insolvência da pessoa jurídica para o pagamento de suas obrigações. Deve ser enfatizado que tais artigos da legislação federal foram devidamente prequestionados pelo TJ/RJ.

O pedido formulado deverá ser no sentido de que o STJ conheça do recurso e a ele dê provimento para sanar violação aos dispositivos de Lei Federal e, consequentemente, reformar o acórdão do TJ/RJ, a fim de manter, na íntegra, a decisão proferida pelo juízo de primeiro grau, autorizando, assim, a desconsideração da personalidade jurídica.

Atenção para os prazos pleiteados, pois com a alteração do CPC, todos devem ser contados nos termos do artigo 212 e 219 do CPC. Nesse sentido, o prazo do Recurso Especial é de 15 dias, na forma do artigo 1.003, §5º, assim, o último dia do prazo para interposição desse recurso seria 27/05/2014 (terça-feira)

(OAB/Exame Unificado – 2015.1 – 2ª fase) João andava pela calçada da rua onde morava, no Rio de Janeiro, quando foi atingido na cabeça por um pote de vidro lançado da janela do apartamento 601 do edifício do Condomínio Bosque das Araras, cujo síndico é o Sr. Marcelo Rodrigues.

João desmaiou com o impacto, sendo socorrido por transeuntes que contataram o Corpo de Bombeiros, que o transferiu, de imediato, via ambulância, para o Hospital Municipal X. Lá chegando,

João foi internado e submetido a exames e, em seguida, a uma cirurgia para estagnar a hemorragia interna sofrida.

João, caminhoneiro autônomo que tem como principal fonte de renda a contratação de fretes, permaneceu internado por 30 dias, deixando de executar contratos já negociados. A internação de João, nesse período, causou uma perda de R$ 20 mil.

Após sua alta, ele retomou sua função como caminhoneiro, realizando novos fretes. Contudo, 20 dias após seu retorno às atividades laborais, João, sentindo-se mal, voltou ao Hospital X. Foi constatada a necessidade de realização de nova cirurgia, em decorrência de uma infecção no crânio causada por uma gaze cirúrgica deixada no seu corpo por ocasião da primeira cirurgia. João ficou mais 30 dias internado, deixando de realizar outros contratos. A internação de João, por este novo período, causou uma perda de R$ 10 mil.

João ingressa com ação indenizatória perante a 2ª Vara Cível da Comarca da Capital contra o Condomínio Bosque das Araras, requerendo a compensação dos danos sofridos, alegando que a integralidade dos danos é consequência da queda do pote de vidro do condomínio, no valor total de R$ 30 mil, a título de lucros cessantes, e 50 salários mínimos a título de danos morais, pela violação de sua integridade física.

Citado, o Condomínio Bosque das Araras, por meio de seu síndico, procura você para que, na qualidade de advogado(a), busque a tutela adequada de seu direito.

Elabore a peça processual cabível no caso, indicando os seus requisitos e fundamentos, nos termos da legislação vigente. (Valor: 5,00)

Responda justificadamente, empregando os argumentos jurídicos apropriados e a fundamentação legal pertinente ao caso.

GABARITO COMENTADO – EXAMINADORA

A peça a ser formulada é uma **CONTESTAÇÃO** à ação indenizatória proposta por João, cumprindo todos os requisitos do artigo 335 e seguintes do CPC.

O Condomínio deverá defender a sua ilegitimidade passiva pelo fato de, em relação à queda do pote de vidro, ser identificado o condômino e, com relação ao erro médico, ser responsabilidade do Hospital Municipal X.

O Condomínio deverá arguir improcedência do pedido de indenização em relação à primeira cirurgia, tendo em vista que o pote de vidro foi lançado de apartamento individualizado – 601 –, isto é, de unidade autônoma reconhecida. De acordo com o art. 938 do Código Civil, "aquele que habitar prédio, ou parte dele, responde pelo dano proveniente das coisas que dele caírem ou forem lançadas em lugar indevido". Assim, o habitante (proprietário, locatário, comodatário, usufrutuário ou mero possuidor) da unidade autônoma é o responsável pela prática do ato danoso, e não o Condomínio.

Outrossim, deverá o Condomínio arguir que não há obrigação de indenizar de sua parte em relação aos danos decorrentes da segunda cirurgia sofrida por João, na medida em que o dano é resultado de erro médico cometido pela equipe cirúrgica do Hospital Municipal X, não da queda do pote de vidro. Ainda que materialmente relacionado ao evento, a queda do pote de vidro do edifício somente se pode atribuir a consequências danosas do primeiro evento, de acordo com o art. 403 do CC: "Ainda que a inexecução resulte de dolo do devedor, as perdas e danos só incluem os prejuízos efetivos e os lucros cessantes por efeito dela direto e imediato, sem prejuízo do disposto na lei processual".

Por fim, deverá defender a inexistência de danos morais a serem indenizados e, caso seja diferente o entendimento do juízo, que o valor a ser fixado a título de indenização seja inferior àquele pedido pelo autor.

(OAB/Exame Unificado – 2015.2 – 2ª fase) Mario e Henrique celebraram contrato de compra e venda, tendo por objeto uma máquina de cortar grama, ficando ajustado o preço de R$ 1.000,00 e definido o foro da comarca da capital do Rio de Janeiro para dirimir quaisquer conflitos. Ficou acordado, ainda, que o cheque nº 007, da Agência nº 507, do Banco X, emitido por Mário para o pagamento da dívida, seria pós-datado para ser depositado em 30 dias. Ocorre, porém, que, nesse ínterim, Mário ficou desempregado. Decorrido o prazo convencionado, Henrique efetuou a apresentação do cheque, que foi devolvido por insuficiência de fundos. Mesmo após reapresentá-lo, o cheque não foi compensado pelo mesmo motivo, acarretando a inclusão do nome de Mário nos cadastros de inadimplentes.

Passados dez meses, Mário conseguiu um novo emprego e, diante da inércia de Henrique, que permanece de posse do cheque, em cobrar a dívida, procurou-o a fim de quitar o débito. Entretanto, Henrique havia se mudado e Mário não conseguiu informações sobre seu paradeiro, o que inviabilizou o contato pela via postal.

Mário, querendo saldar a dívida e restabelecer seu crédito perante as instituições financeiras procura um advogado para que sejam adotadas as providências cabíveis.

Com base no caso apresentado, elabore a peça processual adequada. (Valor: 5,00)

Obs.: o examinando deve fundamentar suas respostas. A mera citação do dispositivo legal não confere pontuação.

GABARITO COMENTADO – EXAMINADORA

A peça cabível consiste em uma **AÇÃO DE CONSIGNAÇÃO EM PAGAMENTO**, nos termos dos artigos 539 a 549 do CPC e dos artigos 334 a 345 do Código Civil. A demanda deverá ser proposta perante uma das Varas Cíveis da Comarca do Rio de Janeiro. Deverá Mário figurar no polo ativo e Henrique no polo passivo, atendendo-se aos requisitos previstos no art. 319 do CPC.

Na abordagem dos fatos e fundamentos, deve o examinando salientar a existência de relação jurídica contratual entre as partes, destacar a existência de dívida pendente e a pretensão de liberar-se da obrigação pelo pagamento, o que não ocorreu em virtude do fato de que o credor reside em local desconhecido, o que autoriza a consignação.

Deverá, ainda, requerer o depósito da quantia devida, pedindo-se a antecipação dos efeitos de tutela jurisdicional, com determinação da retirada do nome de Mário dos cadastros de inadimplentes, a citação por edital do réu para levantar a quantia depositada ou oferecer resposta, deduzir pretensão declaratória de extinção da obrigação pelo pagamento, a condenação em custas e os honorários advocatícios e a produção de prova por todos os meios admitidos.

Ao final, deve o examinando indicar o endereço do advogado, o valor da causa, o local, a data e a assinatura do advogado, além de comprovar o pagamento das custas.

(OAB/Exame Unificado – 2015.3 – 2ª fase) Fernando e Lara se conheceram em 31/12/2011 e, em 02/05/2014, celebraram seu casamento civil pelo regime de comunhão parcial de bens.

Em 09/07/2014, Ronaldo e Luciano celebraram contrato escrito de compra e venda de bem móvel obrigando-se Ronaldo a entregar o bem em 10/07/2014 e Luciano a pagar a quantia de R$ 200.000,00 (duzentos mil reais) em 12/07/2014.

O contrato foi assinado pelos seguintes sujeitos: Ronaldo, Luciano, duas testemunhas (Flávia e Vanessa) e Fernando, uma vez que do contrato constou cláusula com a seguinte redação: "pela presente cláusula, fica estabelecida fiança, com renúncia expressa ao benefício de ordem, a qual tem como afiançado o Sr. Luciano e, como fiador, o Sr. Fernando, brasileiro, casado pelo regime de comunhão parcial de bens, economista, portador da identidade X, do CPF-MF Y, residente e domiciliado no endereço Z".

No dia 10/07/2014, Ronaldo entregou o bem móvel, enquanto Luciano deixou de realizar o pagamento em 12/07/2014.

Em 15/07/2014, Ronaldo iniciou execução de título extrajudicial apenas em face do fiador, Fernando, distribuída automaticamente ao juízo da MM. 2ª Vara Cível da Comarca da Capital do Estado do Rio de Janeiro. O executado é citado para realizar o pagamento em 03 dias.

Fernando apresentou embargos, os quais são rejeitados liminarmente, porquanto manifestamente improcedentes. Não foi interposto recurso contra a decisão dos embargos.

A execução prosseguiu, vindo o juiz a determinar, em 08/11/2014, a penhora de bens, a serem escolhidos pelo Oficial de Justiça, para que, uma vez penhorados e avaliados, sejam vendidos em hasta pública, a ser realizada em 01/03/2015.

Em 11/12/2014, foi penhorado o único apartamento no qual Fernando e Lara residem — avaliado, naquela data, em R$ 150.000,00 (cento e cinquenta mil reais) —, bem imóvel esse adquirido exclusivamente por Lara em 01/03/2000.

Na mesma data da penhora, Fernando e Lara foram intimados, por Oficial de Justiça, sobre a penhora do bem e sobre a data fixada para a expropriação (01/03/2015).

Em 12/12/2014, Lara compareceu ao seu Escritório de Advocacia, solicitando aconselhamento jurídico.

Na qualidade de advogado (a) de Lara, elabore a peça processual cabível para a defesa dos interesses de sua cliente, indicando seus requisitos e fundamentos nos termos da legislação vigente. (Valor: 5,00)

Obs.: o examinando deve apresentar os argumentos jurídicos apropriados e a fundamentação legal pertinente ao caso. A mera citação do dispositivo legal não confere pontuação.

GABARITO COMENTADO – EXAMINADORA

A peça processual cabível é a de EMBARGOS DE TERCEIRO, nos termos do art. 674, caput e § 2º, I, do CPC, direcionada à 2ª Vara Cível da Comarca da Capital do Estado do Rio de Janeiro, por dependência, na forma do disposto no art. 676 do CPC.

Como Lara e Fernando são casados pelo regime da comunhão parcial de bens uma de suas consequências é a não comunicação dos bens anteriores à união matrimonial, permanecendo seus respectivos bens como de sua propriedade exclusiva (art. 1.658 do CC).

Sendo assim, penhorado indevidamente bem exclusivo — que não se comunica pelo regime de bens do casamento — de cônjuge de fiador que não anuiu ao contrato de fiança (Lara), faz-se cabível o ajuizamento de embargos de terceiros, por parte do cônjuge de fiador em face exclusivamente do exequente, Ronaldo, cujo termo final do prazo é até 05 dias após arrematação, adjudicação ou remição, mas antes da assinatura da respectiva carta, na forma do art. 675 do CPC. O pedido formulado nos embargos deve ser o de suspensão do processo principal quanto aos atos de expropriação do bem imóvel de sua propriedade, na forma do art. 679 do CPC, com a consequente desconstituição da penhora.

(OAB/Exame Unificado – 2016.1 – 2ª fase) Antônio Augusto, ao se mudar para seu novo apartamento, recém-comprado, adquiriu, em 20/10/2015, diversos eletrodomésticos de última geração, dentre os quais uma TV de LED com sessenta polegadas, acesso à Internet e outras facilidades, pelo preço de R$ 5.000,00 (cinco mil reais). Depois de funcionar perfeitamente por trinta dias, a TV apresentou superaquecimento que levou à explosão da fonte de energia do equipamento, provocando danos irreparáveis a todos os aparelhos eletrônicos que estavam conectados ao televisor.

Não obstante a reclamação que lhes foi apresentada em 25/11/2015, tanto o fabricante (MaxTV S.A.) quanto o comerciante de quem o produto fora adquirido (Lojas de Eletrodomésticos Ltda.) permaneceram inertes, deixando de oferecer qualquer solução. Diante disso, em 10/03/2016, Antônio Augusto propôs ação perante Vara Cível em face tanto da fábrica do aparelho quanto da loja em que o adquiriu, requerendo:

(i) a substituição do televisor por outro do mesmo modelo ou superior, em perfeito estado;

(ii) indenização de aproximadamente trinta e cinco mil reais, correspondente ao valor dos demais aparelhos danificados; e

(iii) indenização por danos morais, em virtude de a situação não ter sido solucionada em tempo razoável, motivo pelo qual a família ficou, durante algum tempo, sem usar a TV.

O juiz, porém, acolheu preliminar de ilegitimidade passiva arguida, em contestação, pela loja que havia alienado a televisão ao autor, excluindo-a do polo passivo, com fundamento nos artigos 12 e 13 do Código de Defesa do Consumidor. Além disso, reconheceu a decadência do direito do autor, alegada em contestação pela fabricante do produto, com fundamento no art. 26, inciso II, do CDC, considerando que decorreram mais de noventa dias entre a data do surgimento do defeito e a do ajuizamento da ação. A sentença não transitou em julgado.

Na qualidade de advogado(a) do autor da ação, indique o meio processual adequado à tutela do seu direito, elaborando a peça processual cabível no caso, excluindo-se a hipótese de embargos de declaração, indicando os seus requisitos e fundamentos nos termos da legislação vigente. (Valor: 5,00)

Obs.: o examinando deve fundamentar suas respostas. A mera citação do dispositivo legal não confere pontuação.

GABARITO COMENTADO – EXAMINADORA

A decisão em questão tem natureza jurídica de sentença, na forma do art. 203, § 1º, do art. 485, inciso VI, do art. 487, inciso II, e do art. 490, todos do Código de Processo Civil. Com efeito, extinguiu-se o processo, sem resolução do mérito, quanto ao comerciante, acolhendo-se a sua ilegitimidade passiva, e com resolução do mérito, no tocante ao fabricante, em cujo favor se reconheceu a decadência. Em virtude disso, o meio processual adequado à impugnação do provimento judicial, a fim de evitar que faça coisa julgada, é o recurso de **APELAÇÃO**, de acordo com o art. 1.009 do CPC. Deve-se, para buscar a tutela integral ao interesse do autor, impugnar cada um dos capítulos da sentença, isto é, tanto a ilegitimidade do comerciante quanto a decadência que aproveitou ao fabricante.

Quanto ao primeiro ponto, deve-se sustentar a solidariedade entre o varejista, que efetuou a venda do produto, e o seu fabricante, admitindo-se a propositura da ação em face de ambos na qualidade de litisconsortes passivos (art. 7º. § único do CDC). A responsabilidade do comerciante, em relação ao primeiro pedido deduzido da petição inicial, qual seja, o de substituição do produto, encontra fundamento no art. 3º, CDC, que conceitua os fornecedores, e no art. 18 do CDC, que trata de hipótese de vício do produto.

Quanto ao segundo capítulo da sentença, deve-se pretender o afastamento da decadência. No que concerne ao primeiro pedido, referente à substituição do produto, a pretensão recursal deve basear-se na existência de reclamação oportuna do consumidor, a obstar o prazo decadencial, na forma do art. 26, § 2º, inciso I, do CDC.

Já no tocante aos demais pedidos formulados (indenização por danos patrimoniais e morais), há responsabilidade civil por fato do produto, haja vista os danos sofridos pelo autor da ação, a atrair a incidência dos artigos 12 e 27 do CDC. Deste modo, a pretensão autoral à indenização dos danos não se submete a prazo decadencial, mas ao prazo prescricional de cinco anos, estipulado no artigo 27, do CDC.

Nessa linha, deve-se requerer a reforma da sentença para que o pedido seja apreciado, mediante o reconhecimento da legitimidade passiva do comerciante, e o afastamento da decadência, determinando-se o retorno dos autos ao juízo de primeira instância, para prosseguimento do feito.

(OAB/Exame Unificado – 2016.2 – 2ª fase) Em 2015, Rafaela, menor impúbere, representada por sua mãe Melina, ajuizou Ação de Alimentos em Comarca onde não foi implantado o processo judicial eletrônico, em face de Emerson, suposto pai. Apesar de o nome de Emerson não constar da Certidão de Nascimento de Rafaela, ele realizou, em 2014, voluntária e extrajudicialmente, a pedido de sua ex-esposa Melina, exame de DNA, no qual foi apontada a existência de paternidade de Emerson em relação a Rafaela.

Na petição inicial, a autora informou ao juízo que sua genitora encontrava-se desempregada e que o réu, por seu turno, não exercia emprego formal, mas vivia de "bicos" e serviços prestados autônoma e informalmente, razão pela qual pediu a fixação de pensão alimentícia no valor de 30% (trinta por cento) de 01 (um) salário mínimo. A Ação de Alimentos foi instruída com os seguintes documentos: cópias do laudo do exame de DNA, da certidão de nascimento de Rafaela, da identidade, do CPF e do comprovante de residência de Melina, além de procuração e declaração de hipossuficiência para fins de gratuidade.

Recebida a inicial, o juízo da 1ª Vara de Família da Comarca da Capital do Estado Y indeferiu o pedido de tutela antecipada inaudita altera parte, rejeitando o pedido de fixação de alimentos provisórios com base em dois fundamentos:

(i) inexistência de verossimilhança da paternidade, uma vez que o nome de Emerson não constava da certidão de nascimento e que o exame de DNA juntado era uma prova extrajudicial, colhida sem o devido processo legal, sendo, portanto, inservível; e

(ii) inexistência de "possibilidade" por parte do réu, que não tinha como pagar pensão alimentícia pelo fato de não exercer emprego formal, como confessado pela própria autora.

A referida decisão, que negou o pedido de tutela antecipada para fixação de alimentos provisórios, foi publicada no Diário da Justiça Eletrônico em 01/12/2015, segunda-feira. Considere-se que não há feriados no período.

Na qualidade de advogado(a) de Rafaela, elabore a peça processual cabível para a defesa imediata dos interesses de sua cliente, indicando seus requisitos e fundamentos nos termos da legislação vigente. (Valor: 5,00)

Obs.: o examinando deve fundamentar suas respostas. A mera citação do dispositivo legal não confere pontuação.

GABARITO COMENTADO – EXAMINADORA

Em Ação de Alimentos, é plenamente possível a fixação liminar de alimentos provisórios, medida que desfruta da natureza jurídica de tutela provisória de urgência antecipada.

Para a concessão de alimentos provisórios, embora a necessidade do menor seja presumida, deve ser apontada a necessária comprovação de dois requisitos ("verossimilhança da alegação" e "risco de dano irreparável") a respeito do dever alimentar (presunção de paternidade por meio de realização de prova extrajudicial) o binômio necessidade-possibilidade (necessidade pelo alimentando e possibilidade de pagamento pelo alimentante).

No caso vertente, há verossimilhança do dever de prestar alimentos, uma vez que foi apresentado exame de DNA realizado extrajudicialmente, que apontou o réu como o pai da autora, menor. Há, ainda, possibilidade de pagamento de alimentos pelo réu (que, apesar de não ter emprego formal, realiza atividade informal remunerada) e risco de dano irreparável (necessidade de percepção de alimentos pela autora, que vive com a mãe, desempregada).

A decisão do juiz, que indefere o pedido de tutela provisória de urgência antecipada para fixação dos alimentos provisórios, tem natureza de decisão interlocutória, a qual deve ser recorrida por agravo de instrumento.

Deve a autora interpor recurso de AGRAVO DE INSTRUMENTO, com fundamento no artigo 1.015, I e seguintes do CPC, com pedido de tutela antecipada recursal ("efeito suspensivo ativo") por parte do relator, com fundamento no artigo 1.019, I, do CPC, a fim de ser reformada a decisão que indeferiu o pagamento de alimentos provisórios, até que venha a ser proferida a decisão final, colegiada, pelo órgão julgador do agravo, confirmando a reforma do conteúdo da decisão agravada, para que seja mantido o deferimento de pensão alimentícia provisória.

(OAB/Exame Unificado – 2016.3 – 2ª fase) Em junho de 2009, Soraia, adolescente de 13 anos, perde a visão do olho direito após explosão de aparelho de televisão, que atingiu superaquecimento após permanecer 24 horas ligado ininterruptamente. A TV, da marca Eletrônicos S/A, fora comprada dois meses antes pela mãe da vítima. Exatos sete anos depois do ocorrido, em junho de 2016, a vítima propõe ação de indenização por danos morais e estéticos em face da fabricante do produto.

Na petição inicial, a autora alegou que sofreu dano moral e estético em razão do acidente de consumo, atraindo a responsabilidade pelo fato do produto, sendo dispensada a prova da culpa, razão pela qual requer a condenação da ré ao pagamento da quantia de R$ 50.000,00 (cinquenta mil reais) a título de danos morais e R$ 50.000,00 (cinquenta mil reais) pelos danos estéticos sofridos.

No mais, realizou a juntada de todas as provas documentais que pretende produzir, inclusive laudo pericial elaborado na época, apontando o defeito do produto, destacando, desde já, a desnecessidade de dilação probatória.

Recebida a inicial, o magistrado da 1ª Vara Cível da Comarca Y, determinou a citação da ré e após oferecida a contestação, na qual não se requereu produção de provas, decidiu proferir julgamento antecipado, decretando a improcedência dos pedidos da autora, com base em dois fundamentos:

(i) inexistência de relação de consumo, com consequente inaplicabilidade do Código de Defesa do Consumidor, pois a vítima/autora da ação já alegou, em sua inicial, que não participou da relação contratual com a ré, visto que foi sua mãe quem adquiriu o produto na época; e

(ii) prescrição da pretensão autoral em razão do transcurso do prazo de três anos, previsto no art. 206, § 3º, inciso V, do Código Civil.

Na qualidade de advogado(a) de Soraia, elabore a peça processual cabível para a defesa imediata dos interesses de sua cliente, no último dia do prazo recursal, indicando seus requisitos e fundamentos nos termos da legislação vigente. Não deve ser considerada a hipótese de embargos de declaração. (Valor: 5,00)

Obs.: a peça deve abranger todos os fundamentos de Direito que possam ser utilizados para dar respaldo à pretensão. A simples menção ou transcrição do dispositivo legal não confere pontuação.

GABARITO COMENTADO – EXAMINADORA

A decisão em questão tem natureza jurídica de sentença, na forma do art. 203, § 1º, do art. 487, incisos I e II, e do art. 490, todos do CPC. Com efeito, extinguiu-se o processo, com resolução do mérito, rejeitando o pedido de indenização pelo fato do produto, ao entender que a vítima não se qualificava como consumidora, na forma da lei, decidindo, também, de ofício, pelo reconhecimento da prescrição da pretensão autoral. Em virtude disso, o meio processual adequado à impugnação do pronunciamento jurisdicional, a fim de evitar que faça coisa julgada, é o recurso de APELAÇÃO, de acordo com o art. 1.009 do CPC. Deve-se, para buscar a tutela integral ao interesse da autora, impugnar cada um dos capítulos da sentença, isto é, tanto a inexistência da relação de consumo quanto o reconhecimento de ofício da prescrição. Ademais, como a autora já produziu toda a prova pré-constituída que julga adequada, deve devolver toda a matéria, pugnando pelo provimento total do recurso de apelação, para que o Tribunal examine as demais questões, sem determinar o retorno do processo ao juízo de primeiro grau, na forma do art. 1.013, § 4º, do CPC.

Quanto ao primeiro ponto, deve-se sustentar a existência de relação de consumo entre a autora da ação, vítima de acidente de consumo, e a ré, fabricante do produto defeituoso que lhe causou dano moral e estético. Nesse caso, a despeito de não ter participado, como parte, da relação contratual de compra e venda do produto, a autora é qualificada como consumidora, pois, nas hipóteses de responsabilidade pelo fato do produto, é consumidor toda pessoa que "utiliza o produto ou serviço como destinatário final" (art. 2º, caput, do CDC), assim como "equiparam-se aos consumidores todas as vítimas do evento" (art. 17 do CDC).

Presente a relação de consumo, deve-se postular pelo julgamento do mérito, sem necessidade de retorno dos autos à instância inferior, alegando que a fabricante responde, independentemente de culpa, pelos danos causados por defeitos de fabricação de produtos que ponham em risco a segurança dos consumidores, como ocorreu no caso vertente (art. 12, caput e § 1º, do CDC).

Quanto ao segundo capítulo da sentença, deve-se pretender o afastamento da prescrição. Isso porque não corre prescrição contra absolutamente incapaz (art. 198, inciso I, do CC), razão pela qual o termo inicial de contagem do prazo prescricional de 5 (cinco) anos (art. 27 do CDC) efetivou-se apenas em 2012, quando a autora completou 16 anos, tornando-se relativamente capaz. Dessa forma, a prescrição de sua pretensão ocorreria apenas em 2017.

Nessa linha, deve-se requerer a reforma da sentença para que o pedido seja julgado, desde logo, procedente, mediante o reconhecimento da relação de consumo e o afastamento da prescrição, dando provimento integral ao recurso de apelação, com o julgamento do mérito da demanda, na medida em que o feito se encontra maduro para julgamento.

(OAB/Exame Unificado – 2017.1 – 2ª fase) A editora Cruzeiro lançou uma biografia da cantora Jaqueline, que fez grande sucesso nas décadas de 1980 e 1990, e, por conta do consumo exagerado de drogas, dentre outros excessos, acabou por se afastar da vida artística, vivendo reclusa em uma chácara no interior de Minas Gerais, há quase vinte anos.

Poucos dias após o início da venda dos livros, e alguns dias antes de um evento nacional organizado para sua divulgação, por meio de oficial de justiça, a editora foi citada para responder a uma ação de indenização por danos morais cumulada com obrigação de fazer, ajuizada por Jaqueline. No mesmo mandado, a editora foi intimada a cumprir decisão do Juízo da 1ª Vara Cível da Comarca da Capital do Estado de São Paulo, que deferiu a antecipação de tutela para condenar a ré a não mais vender exemplares da biografia, bem a recolher todos aqueles que já tivessem sido remetidos a pontos de venda e ainda não tivessem sido comprados, no prazo de setenta e duas horas, sob pena de multa diária de cinquenta mil reais.

A decisão acolheu os fundamentos da petição inicial, no sentido de que a obra revela fatos da imagem e da vida privada da cantora sem que tenha havido sua autorização prévia, o que gera lesão à sua personalidade e dano moral, nos termos dos artigos 20 e 21 do Código Civil, e que, sem a imediata interrupção da divulgação da biografia, essa lesão se ampliaria e se consumaria de forma definitiva, revelando o perigo de dano irreparável e o risco ao resultado útil do processo.

A editora procura você como advogado(a), informando que foi intimada da decisão há três dias (mas o mandado somente foi juntado aos autos no dia de hoje) e que pretende dela recorrer, pois entende que não se justifica a censura à sua atividade, por tratar-se de informações verdadeiras sobre a vida de uma celebridade, e afirma que o recolhimento dos livros lhe causará significativos prejuízos, especialmente com o cancelamento do evento de divulgação programado para ser realizado em trinta dias.

Na qualidade de advogado(a) da editora Cruzeiro, elabore o recurso cabível voltado a impugnar a decisão que deferiu a antecipação da tutela descrita no enunciado, afastados embargos de declaração. (Valor: 5,00)

Obs.: a peça deve abranger todos os fundamentos de Direito que possam ser utilizados para dar respaldo à pretensão. A simples menção ou transcrição do dispositivo legal não confere pontuação.

GABARITO COMENTADO - EXAMINADORA

A decisão impugnada é uma decisão interlocutória que concedeu tutela provisória, razão pela qual o recurso cabível para sua impugnação é o **AGRAVO DE INSTRUMENTO** (art. 1.015, inciso I, do CPC/15), cuja interposição deve ocorrer dentro dos próximos quinze dias úteis (art. 1.003, § 5º, do CPC/15), já que se contam da data da juntada aos autos do mandado de intimação (art. 231, inciso II, do CPC/15).

No mérito, deve ser impugnada a probabilidade do direito, de acordo com a interpretação conforme à Constituição dada aos artigos 20 e 21 do CC pela jurisprudência superior, no sentido de ser inexigível autorização de pessoa biografada. A ponderação, nesta hipótese, deve privilegiar a liberdade de expressão, assegurada pelo art. 5º, IX, da Constituição da República, especialmente em se tratando de pessoa notória, cabível somente, em caso de abuso, a responsabilização posterior, mas não a censura prévia.

Deve ser deduzido pedido de concessão de efeito suspensivo ao agravo, de forma a evitar risco de dano grave, na forma do art. 995, parágrafo único e/ou art. 1.019, inciso I, ambos do CPC/15.

(OAB/Exame Unificado – 2017.2 – 2ª fase) Ricardo, cantor amador, contrata Luiz, motorista de uma grande empresa, para transportá-lo, no dia 2 de março de 2017, do Município Canto Distante, pequena cidade no interior do Estado do Rio de Janeiro onde ambos são domiciliados, até a capital do Estado. No referido dia, será realizada, na cidade do Rio de Janeiro, a primeira pré-seleção de candidatos para participação de um concurso televisivo de talentos musicais, com cerca de vinte mil inscritos. Os mil melhores candidatos pré-selecionados na primeira fase ainda passarão por duas outras etapas eliminatórias, até que vinte sejam escolhidos para participar do programa de televisão.

Luiz costuma fazer o transporte de amigos nas horas vagas, em seu veículo particular, para complementar sua renda; assim, prontamente aceita o pagamento antecipado feito por Ricardo.

No dia 2 de março de 2017, Luiz se recorda de que se esquecera de fazer a manutenção periódica de seu veículo, motivo pelo qual não considera seguro pegar a estrada. Assim, comunica a Ricardo que não poderá transportá-lo naquele dia, devolvendo-lhe o valor que lhe fora pago. Ricardo acaba não realizando a viagem até o Rio de Janeiro e, assim, não participa da pré-seleção do concurso.

Inconformado, Ricardo ingressa com ação indenizatória em face de Luiz menos de um mês após o ocorrido, pretendendo perdas e danos pelo inadimplemento do contrato de transporte e indenização pela perda de uma chance de participar do concurso. A ação foi regularmente distribuída para a Vara Cível da Comarca de Canto Distante do Estado do Rio de Janeiro. Citado, o réu alegou em contestação que Ricardo errou ao não tomar um ônibus na rodoviária da cidade, o que resolveria sua necessidade de transporte. Ao final da instrução processual, é proferida sentença de total procedência do pleito autoral, tendo o juízo fundamentado sua decisão nos seguintes argumentos:

i) o inadimplemento contratual culposo foi confessado por Luiz, devendo ele arcar com perdas e danos, nos termos do art. 475 do Código Civil, arbitrados no montante de cinco vezes o valor da contraprestação originariamente acordada pelas partes;

ii) o fato de Ricardo não ter contratado outro tipo de transporte para o Rio de Janeiro não interrompe o nexo causal entre o inadimplemento do contrato por Luiz e os danos sofridos;

iii) Ricardo sofreu evidente perda da chance de participar do concurso, motivo pelo qual deve ser indenizado em montante arbitrado pelo juízo em um quarto do prêmio final que seria pago ao vencedor do certame.

Na qualidade de advogado(a) de Luiz, indique o meio processual adequado à tutela integral do seu direito, elaborando a peça processual cabível no caso, excluindo-se a hipótese de embargos de declaração, indicando os seus requisitos e fundamentos nos termos da legislação vigente. (Valor: 5,00)

Obs.: a peça deve abranger todos os fundamentos de Direito que possam ser utilizados para dar respaldo à pretensão. A simples menção ou transcrição do dispositivo legal não confere pontuação.

GABARITO COMENTADO

A decisão tem natureza jurídica de sentença, na forma do art. 203, § 1º, do art. 487, inciso I, e do art. 490, todos do CPC. Com efeito, extinguiu-se o processo, com resolução do mérito, para deferir integralmente os pedidos formulados na ação. Em virtude disso, o meio processual adequado à impugnação do provimento judicial, a fim de evitar que faça coisa julgada, é o Recurso de APELAÇÃO, segundo o art. 1.009 do CPC. Deve-se buscar a tutela integral do interesse do réu, pugnando-se ao final pela integral reforma da sentença.

O recurso deve impugnar especificamente os três fundamentos da sentença, nos seguintes termos:

i) A hipótese é de responsabilidade contratual, isto é, oriunda do inadimplemento do negócio firmado entre as partes, motivo pelo qual o art. 475 do Código Civil reconhece ao credor inadimplido o direito de pedir a resolução e cobrar perdas e danos. No entanto, essa indenização depende da demonstração de algum prejuízo efetivamente sofrido pelo credor, não decorrendo do simples fato da resolução. Não se justifica, assim, o arbitramento realizado pelo juízo sentenciante, desamparado por qualquer elemento probatório, até porque Ricardo aceitou espontaneamente o preço pago como forma de resolução do contrato.

ii) O fato de Ricardo não ter tomado nenhuma medida para, minorando as consequências do inadimplemento, realizar a viagem para o Rio de Janeiro configura fato concorrente da vítima, nos termos do art. 945 do Código Civil. Assim, caso se reconheça algum dano imputável a Luiz, o montante indenizatório deverá ser reduzido proporcionalmente ao fato concorrente de Ricardo.

iii) Nos moldes de seu desenvolvimento doutrinário e jurisprudencial, a figura da perda de uma chance exige, para a sua configuração, que exista a probabilidade séria e real de obtenção de um benefício, o que não restou demonstrado no presente caso, tendo em vista que não havia certeza mínima sequer quanto à participação de Ricardo do concurso televisivo.

Por fim, o fechamento da peça: local, data, assinatura e OAB.

(OAB/Exame Unificado – 2017.3 – 2ª fase) Marilene procura você, como advogado(a), assustada, porque, há duas semanas, recebeu a visita de um Oficial de Justiça, que entregou a ela um Mandado de Citação e Intimação. O Mandado refere-se à ação de execução de título extrajudicial ajuizada por Breno, distribuída para a 1ª Vara Cível da Comarca da Capital do Estado de São Paulo, em que é pretendida a satisfação de crédito de R$ 15.000,00 (quinze mil reais), consubstanciado em instrumento particular de confissão de dívida, subscrito por Marilene e duas testemunhas, e vencido há mais de um mês.

Breno indicou à penhora valores que Marilene tem em três contas bancárias, um carro e o imóvel em que reside com sua família. Alegou ainda que a executada estaria buscando desfazer-se dos bens, razão pela qual o juízo deferiu de plano a indisponibilidade dos ativos financeiros de Marilene pelo sistema eletrônico gerido pela autoridade supervisora do sistema financeiro nacional. Pelo andamento processual no sítio do Tribunal de Justiça do Estado de São Paulo, você verifica que o mandado de citação e intimação positivo foi juntado aos autos há dois dias.

Marilene, muito nervosa, relata que manteve relacionamento com Breno, durante o qual ele insistiu que ela assinasse alguns papéis, informando se tratar de documentos necessários para que ele pudesse receber um benefício previdenciário acumulado. Ela, sem muito estudo, assinou, acreditando estar apenas declarando que ele, Breno, ainda não tinha recebido R$ 15.000,00 (quinze mil reais), aos quais alegava fazer jus frente ao INSS. Informa, inclusive, que uma das pessoas que assinou como testemunha é uma vizinha sua, que sabe que ele a induziu a acreditar que estava assinando apenas uma declaração para que ele obtivesse o benefício. Esclarece que, quando o relacionamento acabou, Breno se tornou agressivo e afirmou que tomaria dela as economias que sabia ter em uma poupança, mas, na época, ela achou que era uma ameaça vazia de um homem ressentido.

Ela está especialmente preocupada em resguardar sua moradia e os valores que tem em uma de suas contas bancárias, que é uma poupança, que se tornou fundamental para a subsistência da família, já que sua mãe está se submetendo a um tratamento médico que pode vir a demandar a utilização dessas economias, informando que, em caso de necessidade, preferia ficar sem o carro que sem o dinheiro. Gostaria, todavia, de impugnar o processo executivo como um todo, para não mais sofrer nas mãos de Breno.

Na qualidade de advogado(a) de Marilene, elabore a defesa cabível voltada a impugnar a execução que foi ajuizada, desconsiderando a impugnação prevista no art. 854, § 3º, do CPC/15. (Valor: 5,00)

Obs.: a peça deve abranger todos os fundamentos de Direito que possam ser utilizados para dar respaldo à pretensão. A simples menção ou transcrição do dispositivo legal não confere pontuação.

GABARITO COMENTADO

Tendo em vista estar instaurado o processo executivo e que se busca impugnar a validade do negócio jurídico que gerou o título executivo e também os atos de penhora atuais e futuros, a medida cabível são os **EMBARGOS DO DEVEDOR À EXECUÇÃO**, regulamentados no art. 914 e seguintes do CPC/15. A petição deve ser endereçada ao mesmo juízo competente para a execução (1ª Vara Cível da Comarca da Capital do Estado de São Paulo), conforme o art. 61 do CPC/15, identificando Marilene como embargante executada e Breno como embargado exequente. O prazo para apresentação dos embargos é de quinze dias conforme o art. 915 do CPC/15. O prazo se conta da data da juntada do mandado, conforme o art. 231 do CPC/15.

Os embargos devem pleitear a desconstituição do título executivo, com base no art. 917, incisos I ou VI, do CPC/15, em razão de se basear em negócio jurídico viciado por dolo, conforme o art. 145 do Código Civil. Marilene foi induzida em erro por Breno, que a levou a crer que estava realizando uma declaração de que ele não tinha recebido um benefício previdenciário quando, na verdade, estava subscrevendo uma confissão de dívida. Tendo sido vítima de artifício para a celebração de negócio jurídico que, se ciente da realidade dos fatos, não realizaria, ela tem direito à anulação do negócio e, consequentemente, à desconstituição do título executivo em que se baseia o processo.

Os embargos devem pleitear também o reconhecimento da impenhorabilidade da conta poupança de Marilene, até o valor de 40 salários mínimos, com base no art. 833, inciso X, do CPC/15, bem como do imóvel em que reside com sua família, por se tratar de bem de família, com base no art. 1º da Lei nº 8.009/90.

Deve ser pleiteada a suspensão do processo executivo, tendo em vista a presença dos requisitos do periculum in mora, decorrente da necessidade dos valores para o tratamento médico da mãe, bem como está garantido o juízo pela penhora dos valores existentes nas demais contas, conforme exigido no art. 919, § 1º, do CPC/15.

Deve ser requerida a produção de prova testemunhal, para a oitiva de sua vizinha que pode corroborar a existência do vício no negócio, a juntada do comprovante de recolhimento de custas ou pedido de gratuidade de justiça e das cópias relevantes do processo executivo, já que os embargos constituirão autos apartados.

Deve se pedir a desconstituição do título executivo, com a anulação da confissão de dívida, bem como a extinção do processo executivo, com julgamento de mérito, dando-se à causa o valor exequendo, ou seja, R$15.000,00 (quinze mil reais).

Por fim, o fechamento, com a indicação de local, data, assinatura e inscrição OAB.

(OAB/Exame Unificado – 2018.1 – 2ª fase) Em uma determinada ação indenizatória que tramita na capital do Rio de Janeiro, o promitente comprador de um imóvel, Serafim, pleiteia da promitente vendedora, Incorporadora X, sua condenação ao pagamento de quantias indenizatórias a título de (i) lucros cessantes em razão da demora exacerbada na entrega da unidade imobiliária e (ii) danos morais. Todas as provas pertinentes e relevantes dos fatos constitutivos do direito do autor foram carreadas nos autos.

Na contestação, a ré suscitou preliminar de ilegitimidade passiva, apontando como devedora de eventual indenização a sociedade Construtora Y contratada para a execução da obra. Alegou, no mérito, o descabimento de danos morais por mero inadimplemento contratual e, ainda, aduziu que a situação casuística não demonstrou a ocorrência dos lucros cessantes alegados pelo autor.

O juízo de primeira instancia, transcorridos regularmente os atos processuais sob o rito comum, acolheu a preliminar de ilegitimidade passiva.

Da sentença proferida já à luz da vigência do CPC/15, o autor interpôs recurso de apelação, mas o acordão no Tribunal de Justiça correspondente manteve integralmente a decisão pelos seus próprios fundamentos, sem motivar específica e casuisticamente a decisão.

O autor, diante disso, opôs embargos de declaração por entender que havia omissão no Acordão, para prequestionar a violação de norma federal aplicável ao caso em tela. No julgamento dos embargos declaratórios, embora tenha enfrentado os dispositivos legais aplicáveis à espécie, o Tribunal negou provimento ao recurso e também aplicou a multa prevista na lei para a hipótese de embargos meramente protelatórios.

Na qualidade de advogado(a) de Serafim, indique o meio processual adequado para a tutela integral do seu direito em face do acordão do Tribunal, elaborando a peça processual cabível no caso, excluindo-se a hipótese de novos embargos de declaração, indicando os seus requisitos e fundamentos nos termos da legislação vigente.

GABARITO COMENTADO

A medida cabível para Serafim, em seu processo, é a interposição do Recurso Especial para o STJ, cujas razões recursais devem rechaçar a ilegitimidade passiva da incorporadora imobiliária, visto que é ela responsável solidária pelos danos ocasionados, na forma do art. 25, § 1º, do Código de Defesa do Consumidor, do art. 942 do Código Civil ou do art. 30 da Lei no 4.591/64. Além disso, o examinando deve abordar a prática do ilícito contratual e os danos sofridos. Ao final, o pedido recursal deve ser no sentido de obter a anulação do acordão em razão da falta de fundamentação específica e, caso o STJ entenda que a invalidação será excessivamente prejudicial ao recorrente, deve ser pedida reforma integral do julgado, com base no art. 282, § 2º, do CPC.

Em relação à multa aplicada em razão do entendimento do Tribunal (embargos protelatórios), esta também deve ser rechaçada pelo examinando, por se tratar de recurso com finalidade de prequestionamento, o que resulta na inaplicabilidade do art. 1026, § 2º, do CPC/15 e na violação ao enunciado de Súmula de Jurisprudência predominante do STJ (Súmula 98).

(OAB/Exame Unificado – 2018.1 – 2ª fase) Aline é proprietária de uma pequena casa situada na cidade de São Paulo, residindo no imóvel há cerca de 5 anos, em terreno constituído pela acessão e por um pequeno pomar. Pouco antes de iniciar obras no imóvel, Aline precisou fazer uma viagem de emergência para o interior de Minas Gerais, a fim de auxiliar sua mãe que se encontrava gravemente doente, com previsão de retornar dois meses depois a São Paulo. Aline comentou a viagem com vários vizinhos, dentre os quais, João Paulo, Nice, Marcos e Alexandre, pedindo que "olhassem" o imóvel no período.

Ao retornar da viagem, Aline encontrou o imóvel ocupado por João Paulo e Nice, que nele ingressaram para fixar moradia, acreditando que Aline não retornaria a São Paulo. No período, João Paulo e Nice danificaram o telhado da casa ao instalar uma antena "pirata" de televisão a cabo, o que, devido às fortes chuvas que caíram sobre a cidade, provocou graves infiltrações no imóvel, gerando um dano estimado em R$ 6.000,00 (seis mil reais). Além disso, os ocupantes vêm colhendo e vendendo boa parte da produção de laranjas do pomar, causando um prejuízo estimado em R$ 19.000,00 (dezenove mil reais) até a data em que Aline, 15 dias após tomar ciência do ocorrido, procura você, como advogado.

Na qualidade de advogado(a) de Aline, elabore a peça processual cabível voltada a permitir a retomada do imóvel e a composição dos danos sofridos no bem.

GABARITO COMENTADO

A peça processual cabível na espécie é uma Petição Inicial. Considerando que ocorreu esbulho possessório, na forma do art. 1.210 do CC, deve ser proposta Ação de Reintegração de Posse. Como o esbulho ocorreu há menos de ano e dia da propositura da demanda (art. 558 do CPC), pois Aline tomou conhecimento do esbulho dentro deste prazo, deve ser requerida a adoção do procedimento previsto no art. 560 e seguintes do CPC.

A peça deve ser endereçada a um dos juízos cíveis da Comarca de São Paulo, considerando a competência absoluta do foro de situação do imóvel para a ação possessória imobiliária (art. 47, § 2º, do CPC).

No mérito, deve ser afirmada a existência de esbulho possessório, bem como a caracterização da posse de João Paulo e Nice como posse de má-fé, nos termos do art. 1.201 do CC, considerando sua clandestinidade. Também deve ser demonstrada a extensão dos danos sofridos no imóvel.

Deve ser formulado requerimento de concessão de liminar em ação possessória, na forma do art. 562 do CPC, eis que preenchidos os requisitos do art. 561 do CPC.

Deve ser requerida, além da reintegração de posse, a condenação dos réus ao pagamento de indenização por perdas e danos e pelos frutos colhidos, na forma do art. 1.216 e do art. 1.218, ambos do CC, considerando a caracterização da posse como posse de má-fé. Tal cumulação objetiva é possível com fulcro no art. 555, caput, incisos I e II, do CPC/15.

Quanto às provas, deve ser requerida a produção de prova testemunhal, a fim de demonstrar a clandestinidade da posse. Da mesma forma, deve ser requerida a produção de prova pericial, para comprovação da ocorrência dos danos sofridos no imóvel, e em razão da coleta e alienação dos frutos naturais do imóvel.

O valor da causa deve corresponder a R$ 25.000,00 (vinte e cinco mil reais), nos termos do art. 292, inciso VI, do CPC.

Por fim, o fechamento, com a indicação de local, data, assinatura e inscrição OAB.

(OAB/Exame Unificado – 2020.1 – 2ª fase) Carla, domiciliada em Porto Alegre, firmou, em sua cidade, com o *Banco Só Descontos S/A*, sediado no Rio de Janeiro, um contrato de empréstimo, de adesão, subscrito por duas testemunhas, com cláusula de eleição de foro também no Rio de Janeiro, por meio do qual obteve R$ 200.000,00 (duzentos mil reais) para pagar seus estudos na faculdade. O vencimento das parcelas do empréstimo ocorreria em 05/01/2018, 05/05/2018 e 05/09/2018.

No primeiro vencimento, tudo correu conforme o programado, e Carla pagou o valor devido ao *Banco Só Descontos S/A*. Não obstante, na segunda data de vencimento, devido a dificuldades financeiras, Carla não conseguiu realizar o pagamento. O *Banco Só Descontos S/A*, então, notificou Carla, em junho de 2018, sobre o vencimento antecipado da dívida. Indicou, na referida notificação, que, considerando os encargos remuneratórios e moratórios e outras tarifas, o valor da dívida totalizava R$ 250.000,00, já descontada a parcela paga por Carla.

Esta, assustada com o valor e sem condições financeiras, não realizou o pagamento da dívida.

Em novembro de 2018, o *Banco Só Descontos S/A* ajuizou ação de execução em face de Carla, na Comarca do Rio de Janeiro, indicada no contrato de empréstimo como foro de eleição, distribuída para a 1ª Vara Cível e autuada sob o nº 0000-0000XXXX, pelo valor de R$ 350.000,00 (trezentos e cinquenta mil reais), e indicou à penhora o único imóvel de Carla, no qual reside com seu marido, José. Houve decisão, determinando a citação de Carla e postergando a análise sobre o pedido de penhora e constrição de bens para momento futuro.

Carla foi citada e o mandado cumprido foi juntado aos autos em 01/08/2019, uma quinta-feira. Carla procurou seu advogado a fim de analisar qual seria a melhor medida processual para, a um só tempo, afastar a penhora de seu único imóvel, em que reside com seu marido, questionar a tramitação da ação na Comarca do Rio de Janeiro, vez que tem domicílio em Porto Alegre, e questionar o valor do crédito, que, em sua visão, é excessivo.

Relatou Carla que, embora reconheça a existência do contrato de empréstimo, não concorda com o valor indicado pelo *Banco Só Descontos S/A*, que incluiu no cálculo diversas tarifas não previstas no contrato, além de não terem aplicado na atualização monetária os parâmetros contratados, e sim taxas mais elevadas e abusivas, o que estaria claro na planilha de débito.

Após consultar um contador, Carla constatou que a dívida seria equivalente a R$ 180.000,00 (cento e oitenta mil reais), valor muito inferior ao indicado pelo *Banco Só Descontos S/A*, e que seria comprovado mediante dilação probatória. Ainda quer impedir os atos de bloqueio de seus bens, de modo que pretende contratar seguro garantia para a referida execução.

Na qualidade de advogado de Carla, elabore a peça processual cabível para a defesa dos interesses de sua cliente, indicando seus requisitos e fundamentos, assim como a data-limite para o ajuizamento, nos termos da legislação vigente. Considere que não há feriados ou suspensão de expediente forense. **(Valor: 5,00)**

Obs.: <u>a peça deve abranger todos os fundamentos de Direito que possam ser utilizados para dar respaldo à pretensão. A simples menção ou transcrição do dispositivo legal não confere pontuação.</u>

GABARITO COMENTADO

A peça processual cabível é a de <u>*embargos à execução*</u> (Art. 914 do CPC), que independe de penhora e deve ser dirigida ao Juízo em que tramita a execução, por dependência.

O prazo é de 15 (quinze) dias úteis (Art. 915 e Art. 219, ambos do CPC), a partir da juntada aos autos do mandado cumprido. Considerando que na contagem dos prazos se exclui o dia do começo (Art. 224), verifica-se que o prazo se encerraria em 22/08/2019.

Nos embargos, que devem ser apresentados, seguindo os requisitos do Art. 319 do CPC, Carla pode alegar:

(i) incompetência do juízo da execução, invocando a aplicação do Código de Defesa do Consumidor, em razão da abusividade da cláusula de eleição de foro inserta em contrato de adesão (Art. 917, inciso V, do CPC c/c. o Art. 54 do CDC).

(ii) impenhorabilidade de seu imóvel, que é bem de família, nos termos do Art. 917, inciso II, c/c. o Art. 833 do CPC e o Art. 1º da Lei nº 8.009/90;

(iii) excesso de execução (Art. 917, § 2º, inciso I, do CPC), indicando o motivo do excesso, ou seja, cobrança de tarifas não previstas no contrato, e aplicação de atualização monetária fora dos parâmetros contratados, e taxas abusivas (Art. 6º, incisos IV e V **e** Art. 51, inciso IV, ambos do CDC), e apontando o valor devido (Art. 917, inciso III, § 3º, do CPC), qual seja, de R$ 180.000,00.

Deve pedir, portanto, o reconhecimento da incompetência do juízo e a remessa dos autos ao juízo de Porto Alegre, onde reside, a impenhorabilidade de seu imóvel, e, ainda, o excesso de execução, para que a execução prossiga apenas pela quantia de R$ 180.000,00.

Considerando que Carla pretende contratar seguro garantia, deve-se formular pedido de concessão de efeito suspensivo aos embargos à execução (Art. 919 c/c. o Art. 845 **e** o Art. 848, todos do CPC), indicando os requisitos da tutela provisória e apresentando o seguro-garantia.

Por fim, o fechamento da peça.

EXCELENTÍSSIMO SENHOR DOUTOR JUIZ DE DIREITO DA 1ª VARA CÍVEL DA COMARCA DO RIO DE JANEIRO/RJ

Distribuição por dependência

Autos nº 0000-0000XXXX

CARLA (*nome completo*), (*nacionalidade*), (*estado civil*), portadora do RG nº _____, inscrita do CPF/MF sob o nº _____, (*endereço eletrônico*), residente e domiciliada à Rua _____, vem mui respeitosamente perante Vossa Excelência com fulcro no art. 914 do CPC, por meio de seu advogado infra-assinado conforme procuração anexa, opor

EMBARGOS À EXECUÇÃO c/c PEDIDO DE EFEITO SUSPENSIVO

movida por Banco Só Desconto/SA já qualificado nos autos em epígrafe, pelas razões de fato e de direito a seguir expostas:

I. Da tempestividade

Conforme consta dos autos, o mandado de citação cumprido da embargante foi juntado no dia 01/08/2019, quinta-feira. O prazo para apresentação dos embargos é de 15 dias a contar da data da juntada aos autos do mandado de citação cumprido (art. 915 CPC). Neste passo, deve-se considerar para a contagem que se exclui o dia do início e se inclui o dia do vencimento (art. 224 CPC), bem como que se computa apenas os dias úteis (art. 219 CPC).

Sendo assim: a juntada aos autos do mandado se deu em 01/08/2019, quinta-feira. Excluindo-se o dia do início, o prazo efetivamente passou a correr em 02/08/2019, sexta-feira. Como computam-se apenas dias úteis, o prazo expirará em 22/08/2019, quinta-feira.

Considerando que estes embargos foram apresentados antes deste dia são, portanto, completamente tempestivos.

II. Dos fatos

Consoante consta dos autos da execução, a embargante firmou contrato de empréstimo com o Banco Só Desconto/SA por meio do qual obteve R$ 200.000,00 (duzentos mil reais) para pagar seus estudos na faculdade.

A embargante Carla é domiciliada em Porto Alegre, porém a sede do embargado é na cidade do Rio de Janeiro, razão pela qual foi inserida no contrato de adesão uma cláusula de eleição de foro também para a aquela comarca.

O vencimento das parcelas do empréstimo foi agendado para 05/01/2018, 05/05/2018 e 05/09/2018.

No primeiro vencimento, tudo correu conforme o programado e a embargante pagou o valor devido ao Banco Só Descontos S/A. Não obstante, na segunda data de vencimento, devido a dificuldades financeiras, a embargante não conseguiu realizar o pagamento. O embargado então, notificou Carla, em junho de 2018, sobre o vencimento antecipado da dívida cobrando o valor absurdo de R$250.000,00 (duzentos e cinquenta mil reais), sob a justificativa de incidência de taxas contratuais e encargos moratórios, alegando inclusive que neste valor já estava descontada a parcela que já havia sido paga.

Por não ter o montante, a embargante não pagou a dívida.

Sendo assim, em novembro de 2018 o embargado ajuizou a presente execução cobrando o valor atual de R$350.000,00 (trezentos e cinquenta mil reais) e indicou à penhora o único imóvel de Carla, no qual reside com seu marido.

Contudo, as alegações do embargado não merecem prosperar, pois completamente desconexas com a realidade, conforme se verificará a seguir.

III. Da incompetência do juízo

A natureza do contrato de empréstimo firmado entre as partes é regida pelo Código de Defesa do Consumidor, uma vez que as partes se enquadram na figura de consumidor e fornecedor previstas nos arts. 2º e 3º do CDC. Logo, este é o direito material que deverá ditar as regras da relação jurídica.

Ademais, a avença tem natureza de adesão, uma vez que não trouxe nenhuma possibilidade de discussão das cláusulas por parte da embargante, nos termos do art. 54 do CDC.

Neste passo nota-se que a cláusula de eleição de foro que elegeu a comarca do Rio de Janeiro para resolução do litígio é abusiva, uma vez que implica limitação de direito ao consumidor dificultando sua atuação no processo e o coloca em desvantagem exagerada (art. 51, IV CDC).

Portanto, a fim de respaldar os direitos do consumidor o correto é que a ação tramite na comarca de Porto Alegre, local onde é domiciliada a embargante, restando incompetente este juízo para apreciar o feito.

IV. Da impenhorabilidade do bem de família

A fim de garantir a execução o Banco embargado indicou à penhora o único bem que Carla possui, que é o imóvel em que reside com seu esposo.

Todavia, referido bem se enquadra como *bem de família* nos termos do art. 1º da Lei 8.009/90, sendo, por conseguinte impenhorável, não respondendo por qualquer tipo de dívida civil, comercial, fiscal, previdenciária ou de outra natureza.

Vê-se, pois, que a penhora está incorreta (art. 917, II c/c 833 do CPC), uma vez que referido imóvel não pode ser objeto de contrição.

V. Do excesso de execução

É nítida a postura inadequada do Banco ao agir com excesso de execução por pleitear quantia superior à do título (art. 917, III e §2º, I CPC).

O valor inicial da dívida era R$200.000,00 (duzentos mil reais). Considerando que a embargante pagou a primeira parcela, o saldo a ser pago já com os acréscimos contratuais é de R$180.000,00 (cento e oitenta mil reais), conforme restará comprovado em dilação probatória. Contudo, o embargado entende ser devido o importe de R$350.000,00 (trezentos e cinquenta mil reais).

A cobrança é excessiva, pois o embargado inseriu no cálculo tarifas não previstas no contrato, e aplicação de atualização monetária fora dos parâmetros contratados, e taxas abusivas (Art. 6º, incisos IV e V **e** Art. 51, inciso IV, ambos do CDC). Nesta toada, a embargante foi colocada em desvantagem exagerada pela modificação das cláusulas de forma desproporcional.

Desta feita, faz-se necessário que o valor da execução seja reduzido, pois mostra-se muito além daquele que é realmente devido.

VI. Do efeito suspensivo e seguro garantia

É sabido que como regra os embargos não têm efeito suspensivo, porém é possível que o juiz o defira caso o embargante demonstre os requisitos para a tutela provisória e a execução esteja garantida (art. 919, §1º CPC).

Neste caso temos presente os requisitos da tutela provisória de urgência (art. 300 CPC). O *fumus boni iuris* está no fato de que há nítida evidência de que a execução é excessiva e que o bem indicado à penhora se configura como bem de família. O *periculum in mora* se afigura no fato de a embargante poder sofrer sérios prejuízos caso o seu único imóvel seja penhorado no curso do processo e a questão apenas seja enfrentada quando houver decisão definitiva, uma vez que referido bem serve para moradia de sua família e eles não têm outro lugar para morar.

Referente a garantia da execução, o embargante requer a substituição da penhora por outra modalidade de garantia nos termos do art. 848 CPC, qual seja o *seguro garantia*, o qual contratou a fim de assegurar o pagamento de sua dívida (doc. anexo).

Portanto, restam plenamente supridas as exigências para a concessão do efeito suspensivo.

VII. Dos pedidos

Por todo o exposto requer-se:

1) que seja declarado incompetente o juízo da comarca do Rio de Janeiro e sejam os autos remetidos à comarca de Porto Alegre, por ser este o domicílio da consumidora/embargante;

2) a intimação do embargado na pessoa do seu advogado, para que, querendo, apresente impugnação no prazo legal;

3) que sejam julgados procedentes os embargos para que:

3.1) seja declarada a impenhorabilidade do imóvel onde reside a embargada por ser considerado bem de família e, portanto, não passível de contrição;

3.2) seja reconhecido o excesso de execução para que a execução prossiga apenas pelo valor de R$180.000,00 (cento e oitenta mil reais) e não R$350.00,00 (trezentos e cinquenta mil reais) como requer o embargado;

3.3) seja concedido efeito suspensivo aos presentes embargos e seja deferido o seguro garantia em substituição à penhora do imóvel;

4) a condenação do embargado no pagamento dos honorários sucumbenciais e custas processuais;

5) que todas as publicações sejam divulgadas em nome do advogado infra-assinado, Dr. XXXXX, OAB/XX nº XXX, sob pena de nulidade.

Provará o alegado por todos os meios em direito admitidos, em especial pela juntada de documentos, oitiva de testemunha e depoimento pessoal do embargado.

Dá-se a causa o valor de XXXXX.
Nestes termos
Pede deferimento.
Cidade, data.
Advogado
OAB/XX

(OAB/2ª FASE – XXXII) Acácia celebrou com o *Banco XXG* contrato de empréstimo, no valor de R$ 480.000,00 (quatrocentos e oitenta mil reais), a ser quitado em 48 parcelas mensais de R$ 10.000,00 (dez mil reais), para aquisição de um apartamento situado na cidade de Vitória, Espírito Santo, concedendo em garantia, mediante alienação fiduciária, o referido apartamento, avaliado em R$ 420.000,00 (quatrocentos e vinte mil reais).

Após o pagamento das primeiras 12 parcelas mensais, totalizando R$ 120.000,00 (cento e vinte mil reais), Acácia parou de realizar os pagamentos ao *Banco XXG*, que iniciou o procedimento de execução extrajudicial da garantia fiduciária, conforme previsto na Lei nº 9.514/97. Acácia foi intimada e não purgou a mora, e o imóvel foi a leilão em duas ocasiões, não havendo propostas para sua aquisição, de modo que houve a consolidação da propriedade do imóvel ao *Banco XXG*, com a quitação do contrato de financiamento.

Acácia ajuizou, em seguida, ação condenatória em face do *Banco XXG*, distribuída para a 1ª Vara Cível de Vitória e autuada sob o nº 001234, sob a alegação de que, somados os valores do imóvel e das parcelas pagas, o *Banco XXG* teria recebido R$ 540.000,00 (quinhentos e quarenta mil reais), mais do que o valor concedido a título de empréstimo. Acácia formulou pedido condenatório pretendendo o recebimento da diferença, ou seja, R$ 60.000,00 (sessenta mil reais), assim como postulou a concessão dos benefícios da justiça gratuita, alegando não possuir condições financeiras para arcar com as custas processuais e os honorários sucumbenciais.

O *Banco XXG*, citado, apresentou sua contestação, afirmando que a pretensão não encontraria respaldo jurídico, à luz do regime previsto na Lei nº 9.514/97, requerendo a improcedência da pretensão. Demonstrou que Acácia possuiria 4 (quatro) imóveis, além de participação societária em 3 (três) empresas, e condição financeira apta ao pagamento das custas e dos honorários, requerendo o indeferimento da justiça gratuita à Acácia.

O juiz concedeu o benefício da justiça gratuita que havia sido postulado na inicial em decisão interlocutória e, após, julgou procedentes os pedidos, condenando o *Banco XXG* a restituir o valor de R$ 60.000,00 (sessenta mil reais) e a arcar com as custas processuais e os honorários sucumbenciais em 10% do valor da condenação. A sentença foi publicada em 03/05/2021, segunda-feira, sendo certo que não possui omissão, obscuridade ou contradição.

Considerando apenas as informações expostas, elabore, na qualidade de advogado(a) do *Banco XXG*, a peça processual cabível para defesa dos interesses de seu cliente, que leve o tema à instância superior, indicando seus requisitos e fundamentos, nos termos da legislação vigente. O recurso deverá ser datado no último dia do prazo para apresentação. Desconsidere a existência de feriados nacionais ou locais. (Valor: 5,00)

Obs.: o(a) examinando(a) deve abranger todas os fundamentos de Direito que possam ser utilizados para dar respaldo à pretensão. A mera citação do dispositivo legal não confere pontuação.

GABARITO COMENTADO – EXAMINADORA

A peça processual cabível é o *recurso de apelação* (Art. 1.009 do CPC), interposto no prazo de 15 dias úteis, ou seja, em 24/05/2021.

O examinando deverá interpor o recurso em petição dirigida ao juízo de primeiro grau (Art. 1.010), contendo o nome e a qualificação das partes, além de requerer a intimação para apresentação de contrarrazões e a remessa ao tribunal independentemente do juízo de admissibilidade.

Nas razões recursais, deverá indicar os fatos ocorridos, bem como fundamentar juridicamente seu pleito.

Inicialmente, caberá formular pedido de revogação do benefício da justiça gratuita (Art. 1.009, §1º), porque não sujeita a recurso de Agravo (Art. 1.015). Deverá indicar que Acácia possui 4 imóveis e participação societária em 3 empresas, possuindo condições de arcar com custas e honorários, não sendo hipótese de incidência do Art. 98 do CPC.

No mérito, o examinando deverá alegar que o *Banco XXG* seguiu estritamente o procedimento previsto no Art. 26 e no Art. 27, ambos da Lei nº 9.514/97, que prevê expressamente o "perdão legal" no Art. 27, §§ 5º e 6º, *in verbis*:

§ 5º *Se, no segundo leilão, o maior lance oferecido não for igual ou superior ao valor referido no § 2º, considerar-se-á extinta a dívida e exonerado o credor da obrigação de que trata o § 4º. § 6º Na hipótese de que trata o parágrafo anterior, o credor, no prazo de cinco dias a contar da data do segundo leilão, dará ao devedor quitação da dívida, mediante termo próprio.*

O examinando deverá formular o pedido de reforma da decisão que concedeu a justiça gratuita e da sentença, para julgar improcedente o pedido, com a condenação de Acácia ao pagamento integral das custas e honorários, majorados para fase recursal (Art. 85 do CPC).

Deve, a seguir, proceder ao encerramento da peça.

Distribuição dos Pontos

ITEM	PONTUAÇÃO
Endereçamento	
1. Interposição da apelação por petição dirigida ao juízo da 1ª. Vara Cível de Vitória (0,10).	0,00/0,10
2. Endereçamento das razões recursais ao Tribunal de Justiça (0,10).	0,00/0,10
3. Apelante: Banco XXG. (0,10); Apelada: Acácia (0,10), número do processo (001234) (0,10).	0,00/0,10/0,20/0,30
4. Cabimento: recurso cabível para reforma de sentença é a apelação (0,10), nos termos do Art. 1009, do CPC (0,10).	0,00/0,10/0,20
5. Tempestividade: apelação interposta tempestivamente, a saber, no dia 24/05/2021, último dia do prazo para recurso (0,20)	0,00/0,20
6. Recolhimento do devido preparo recursal (0,10) conforme Art. 1007 do CPC (0,10)	0,00/0,10/0,20

7. Intimação da Apelada, para, querendo, apresentar contrarrazões (0,10), nos termos do Art. 1.010, § 1º, do CPC (0,10);	0,00/0,10/0,20	
8. Exposição dos Fatos (0,10)	0,00/0,10	
Razões Recursais		
9. Revogação da justiça gratuita, considerando a situação financeira de Acácia (0,80), não se enquadrando no benefício da gratuidade, constante do Art. 98 do CPC **ou** do Art. 5º, inciso LXXIV, da CRFB (0,10).	0,00/0,80/0,90	
10. Requerimento de intimação da parte autora para pagamento das custas em virtude da revogação da gratuidade (0,40), sob pena de extinção do processo sem análise do mérito (0,20), na forma do Art. 102, do CPC (0,10).	0,00/0,40/0,50/ 0,60/0,70	
11. Fundamentação da improcedência do pedido formulado por Acácia, considerando a ocorrência da extinção da obrigação (0,80), conforme o Art. 27, § 5º, da Lei nº 9.514/97 (0,10).	0,00/0,80/0,90	
Pedidos		
12. Pedido de reforma da decisão interlocutória que deferiu a justiça gratuita (0,30).	0,00/0,30	
13. Pedido de reforma da sentença (0,10), para julgar improcedente o pedido (0,40).	0,00/0,10/0,40/0,50	
14. Condenação da recorrida ao pagamento integral das custas processuais (0,10) e honorários de sucumbência (0,10).	0,00/0,10/0,20	
Fechamento		
15. Local, data (24/05/2021) e assinatura por advogado (0,10)	0,00/0,10	

EXCELENTÍSSIMO SENHOR DOUTOR JUIZ DE DIREITO DA 1ª VARA CÍVEL DA COMARCA DE VITÓRIA/ES

Autos nº: 001234

BANCO XXG, pessoa jurídica de direito privado, com sede (*endereço*), inscrita no CNPJ sob o nº_____, neste ato representada na pessoa (*nome completo e qualificação do representante legal*) conforme contrato social em anexo, nos autos da ação ordinária em epígrafe que move em face de ACÁCIA (*nome completo*), (*nacionalidade*), (*estado civil*), portadora do RG nº _____, inscrita no CPF/MF sob o nº _____, (*endereço eletrônico*), residente e domiciliada à Rua _____, por intermédio de seu advogado e bastante procurador vem mui respeitosamente perante Vossa Excelência, com fulcro no art. 1.009 e seguintes do CPC, tempestivamente interpor **RECURSO DE APELAÇÃO** em face da sentença de fls, pelas razões de fato e de direito a seguir expostas.

Assim, vem dela apelar para o egrégio Tribunal de Justiça do Estado do Espírito Santo juntando as RAZÕES DE APELAÇÃO em anexo.

Requer-se de pronto a intimação da apelada para que sejam oferecidas contrarrazões nos termos do art. 1.010, § 1º do CPC, e em seguida sejam os autos encaminhados ao e. Tribunal anteriormente mencionado independentemente do juízo de admissibilidade para que seja processado e julgado o presente recurso.

Termos em que,

Pede deferimento.

Vitória, 24 de maio de 2021.

Advogado

OAB/UF nº__

RAZÕES DE APELAÇÃO

AUTOS Nº: 001234
APELANTE: BANCO XXG
APELADA: ACÁCIA
ORIGEM: 1ª VARA CÍVEL DA COMARCA DE VITÓRIA

EGRÉGIO TRIBUNAL DE JUSTIÇA DO ESTADO DO ESPÍRITO SANTO, COLENDA CÂMARA, EXCELENTÍSSIMOS DESEMBARGADORES

I – Dos fatos

A apelante celebrou contrato de empréstimo com a apelada no valor de R$480.000,00 (quatrocentos e oitenta mil reais), onde esta se comprometeu a quitá-lo em 48 parcelas mensais de R$ 10.000,00 (dez mil reais). O objeto do contrato foi a aquisição de um apartamento avaliado em R$ 420.000,00 (quatrocentos e vinte mil reais), situado na cidade de Vitória, Espírito Santo, o qual foi concedido em garantia mediante alienação fiduciária.

Após o pagamento das primeiras 12 parcelas mensais, totalizando R$ 120.000,00 (cento e vinte mil reais), a apelada parou de realizar os pagamentos à apelante, que iniciou o procedimento de execução extrajudicial da garantia fiduciária, conforme previsto na Lei nº 9.514/97.

A apelada foi intimada e não purgou a mora. Assim, o imóvel foi a leilão em duas ocasiões. Não havendo propostas para sua aquisição houve a consolidação da propriedade do imóvel à apelante, com a quitação do contrato de financiamento.

Inconformada, a apelada ajuizou a presente demanda judicial em face da apelante alegando que, somados os valores do imóvel e das parcelas pagas, a apelante teria recebido R$ 540.000,00 (quinhentos e quarenta mil reais), mais do que o valor concedido a título de empréstimo. A apelada formulou pedido condenatório pretendendo o recebimento da diferença, ou seja, R$ 60.000,00 (sessenta mil reais). Ademais, postulou a concessão dos benefícios da justiça gratuita, alegando não possuir condições financeiras para arcar com as custas processuais e os honorários sucumbenciais.

Em sede de contestação a apelante impugnou o benefício da justiça gratuita, demonstrando que a apelada possui 4 (quatro) imóveis, além de participação societária em 3 (três) empresas. Logo, detém condição financeira apta ao pagamento das custas e dos honorários processuais. Além disso requereu a improcedência da ação com fundamento na Lei 9.514/97.

Contudo, nenhuma das alegações da apelante foram acolhidas. O MM. Juízo *a quo* concedeu o benefício da justiça gratuita que havia sido postulado na inicial em decisão interlocutória e, após, julgou procedentes os pedidos, condenando a apelante a restituir o valor de R$ 60.000,00 (sessenta mil reais) e a arcar com as custas processuais e os honorários sucumbenciais em 10% do valor da condenação

Neste contexto, por não se conformar com a i. decisão, vem a apelante pleitear a sua reforma apresentando os argumentos de fato e de direito a seguir descritos.

II – Dos requisitos de admissibilidade

Inicialmente, cumpre destacar que é cabível o presente recurso de apelação, conforme art. 1.009 do CPC, pois visa à reforma da sentença que extinguiu o processo com resolução do mérito prolatada com base com no art. 487, I do CPC.

Quanto à tempestividade, a i. sentença foi publicada em 03 de maio de 2021 (segunda-feira). Contando-se 15 dias (artigo 1.003, § 5º do CPC), desconsiderando-se os finais de semana, o prazo expira em 24 de maio de 2021. Logo, o recurso é tempestivo.

O preparo foi devidamente recolhido e a guia comprobatória segue acostada aos autos, conforme artigo 1.007 CPC.

Assim, o recurso que foi interposto nos moldes do artigo 1.010 do CPC merece ser conhecido por preencher os pressupostos recursais.

III – Da preliminar de mérito

Revogação dos benefícios da justiça gratuita

Uma vez que contra a decisão interlocutória que defere o benefício da justiça gratuita não é mais aplicável o agravo de instrumento (art. 1.015 CPC), caberá assim o recurso de apelação, com supedâneo no artigo 1.009, § 1º do CPC. Destarte, esta é a via adequada pala a alegação da matéria.

Neste espeque, consoante já demonstrado em contestação no processo de origem, a apelada possui 4 (quatro) imóveis, além de participação societária em 3 (três) empresas. Portanto, detém as condições necessárias para o pagamento das custas judiciais sem que coloque em risco seu sustento ou o de sua família.

Desta feita, a apelada não comprovou sua insuficiência de recursos para pagar as custas conforme artigo 98 do CPC, devendo o benefício ser revogado para que arque com as despesas processuais que tiver deixado de adiantar, conforme artigo 100, parágrafo único do CPC, considerando a majoração para fase recursal (artigo 85, § 11 CPC), sob pena de extinção do processo sem análise do mérito (artigo 102 do CPC).

IV – Do mérito

Nesta seara, importante frisar que a apelante seguiu estritamente o procedimento previsto nos artigos 26 e 27, ambos da Lei nº 9.514/97.

Diante de uma dívida vencida e não paga a apelada foi devidamente intimada para purgar a mora e não o fez. Assim, a propriedade do imóvel foi consolidada em nome da apelante (artigo 26).

O imóvel então foi levado à leilão público pela apelante por duas ocasiões sendo que não houve proposta para a sua aquisição que atendessem os requisitos do artigo 27, § 2º da Lei nº 9.514/97.

Sendo assim a dívida é considerada extinta (artigo 27, § 5º da Lei nº 9.514/97) e no prazo de cinco dias a contar da data do segundo leilão, a apelante deu quitação da dívida apelada, mediante termo próprio (artigo 27, § 6º da Lei nº 9.514/97).

Logo, não há que se falar em restituição de qualquer valor como pleiteado pela apelada, devendo o pedido ser julgado totalmente improcedente.

V – Dos pedidos

Diante do exposto requer-se:

a) seja o recurso conhecido e haja reforma da decisão interlocutória que deferiu o benefício da justiça gratuita revogando-o e condenando a apelada a arcar com todas as despesas processuais que houver deixado de adiantar;

b) seja dado total provimento ao presente recurso reformando a i. sentença julgando improcedente os pedidos formulados pela apelada;

c) a condenação da apelada às custas e honorários advocatícios majorados para a fase recursal em conformidade com o art. 85, § 11 CPC.

Termos em que,

Pede deferimento

Vitória, 24 de maio de 2021.

Advogado

OAB/UF nº__

(OAB/2ª FASE – XXXIII) João Paulo, residente na cidade do Rio de Janeiro, ao tentar comprar um eletrodoméstico, foi informado pelo estabelecimento vendedor que não seria possível aceitar o pagamento financiado, em virtude de uma negativação de seu nome junto aos cadastros restritivos de crédito pelo *Banco XYZ,* sediado no Rio de Janeiro. João Paulo ficou surpreso, tendo em vista que nunca contratou com tal banco.

Diante do ocorrido, João Paulo buscou informações e verificou que a dívida, origem da negativação, era referente a um contrato de empréstimo de R$ 10.000,00 que ele nunca celebrou, sendo, portanto, fruto de alguma fraude com seu nome. João Paulo dirigiu-se ao banco, pedindo a imediata exclusão de seu nome do cadastro restritivo de crédito, o que foi negado pelo *Banco XYZ*.

Diante desse cenário, João Paulo entra em contato com você, como advogado(a), pois pretende a retirada imediata de seu nome dos cadastros restritivos de crédito, já que nunca contraiu a dívida apontada, além de indenização por danos morais no equivalente a R$ 30.000,00.

Na condição de advogado(a) de João Paulo, elabore a peça processual cabível e mais adequada para a tutela integral de todos os pedidos. (Valor: 5,00)

Obs.: a peça deve abranger todos os fundamentos de Direito que possam ser utilizados para dar respaldo à pretensão. A simples menção ou transcrição do dispositivo legal não confere pontuação.

GABARITO COMENTADO – EXAMINADORA

Tendo em vista que os objetivos de João Paulo são a retirada imediata de seu nome dos cadastros restritivos de crédito, bem como a declaração de inexistência da dívida, além de indenização por danos morais no equivalente a R$ 30.000,00, a peça cabível é uma *petição inicial, de conhecimento, com pedidos de declaração e condenação*.

A petição deve ser endereçada a uma das Varas ou um dos Juizados Cíveis da Comarca da capital do Estado do Rio de Janeiro, foro do domicílio do autor consumidor, foro competente nos termos do Art. 101, inciso I, do CDC, bem como foro de domicílio do réu, competente com base no Art. 46 do CPC. João Paulo deve ser indicado como autor e o *Banco XYZ*, como réu.

Nos fundamentos, deve ser destacado que o autor não celebrou o contrato. João, outrossim, é consumidor por equiparação, na forma do Art. 17 ou Art. 29, ambos do CDC. Ademais, a existência dos elementos da responsabilidade civil objetiva: o ilícito pelo *Banco XYZ*, que levou à ocorrência de danos ao autor. Ao lado da informação da impossibilidade de contratação, que causou danos a João Paulo, deve ser defendido que a inclusão do nome do autor, indevidamente, em cadastros restritivos de crédito, leva a dano moral *in re ipsa*.

Diante da necessidade de retirada imediata do nome do autor dos cadastros restritivos de crédito, deve haver pedido de tutela de urgência, com a demonstração da presença de seus requisitos.

Deve haver a demonstração dos requisitos para a inversão do ônus da prova, qual seja, a verossimilhança das alegações de João Paulo, por força do Art. 6º, inciso VIII, do CDC.

No pedido, devem ser requeridos:

(i) a concessão de tutela de urgência liminar sem a oitiva da parte contrária, para a retirada do nome do autor dos cadastros restritivos;

(ii) a confirmação da tutela liminar;

(iii) a declaração de inexistência da dívida;

(iv) a inversão do ônus da prova;

(v) a produção de todas as provas em direito admitidas;

(vi) o pagamento de indenização por danos morais no montante de R$ 30.000,00;

(vii) a condenação ao pagamento das custas e dos honorários de sucumbência ou isenção na hipótese de Juizado Especial.

Deve ser atribuído à causa o valor de R$ 40.000,00, consistente no total do benefício econômico envolvido. Por fim, o fechamento, com a indicação de local, data, assinatura e inscrição OAB.

Distribuição dos Pontos

ITEM	PONTUAÇÃO
Endereçamento	
1. Vara Cível **ou** Juizado Especial Cível da Comarca da capital do Estado do Rio de Janeiro (0,10).	0,00/0,10
2. Nome e qualificação das partes: João Paulo (autor) (0,10) e Banco XYZ (réu) (0,10).	0,00/0,10/0,20

Fundamentos	
3. Exposição fática (0,20)	0,00/0,20
4. João é consumidor por equiparação (0,30), na forma do Art. 17 **ou** Art. 29, ambos do CDC (0,10).	0,00/0,30/0,40
5. Ocorrência de ilícito, pela celebração de contrato fraudulento, com inclusão do nome do autor em cadastro restritivo de crédito (0,50), na forma do Art. 14, caput ou § 1º, do CDC **ou** Art. 186 do CC ou Art. 927 do CC (0,10).	0,00/0,50/0,60
6a. Ocorrência de dano moral (0,20).	0,00/0,20
6b. *in re ipsa* ou presumido (0,20).	0,00/0,20
6c. pela inclusão indevida do nome de João Paulo nos cadastros restritivos de crédito (0,30).	0,00/0,30
7a. Alegação da responsabilidade objetiva (0,20).	0,00/0,20
7b. Existência de nexo causal entre o ilícito e os danos (0,20).	0,00/0,20
8a. Possibilidade de concessão de tutela de urgência sem a oitiva da parte contrária (0,20), na forma do Art. 300 do CPC (0,10), diante da presença dos requisitos:	0,00/0,20/0,30
8b. *fumus boni iuris* (0,10),	0,00/0,10
8c. *periculum in mora* (0,10)	0,00/0,10
8d. reversibilidade da medida (0,10).	0,00/0,10
9. Demonstração de que suas alegações são verossímeis, a ensejar a inversão do ônus da prova (0,20), na forma do Art. 6º, inciso VIII, do CDC (0,10).	0,00/0,20/0,30
Pedidos	
10. Concessão de tutela liminar sem a oitiva da parte contrária, para retirada do nome dos cadastros restritivos de crédito (0,20).	0,00/0,20
11. Confirmação da tutela liminar (0,20)	0,00/0,20
12. Declaração de inexistência da dívida ou do contrato (0,30)	0,00/0,30
13. Condenação ao pagamento de indenização por danos morais (0,30)	0,00/0,30
14. Condenação em custas e honorários advocatícios **ou** condenação nos ônus da sucumbência **ou** isenção de custas e honorários advocatícios no caso de Juizado Especial (0,10).	0,00/0,10
15. Pedido de inversão do ônus da prova (0,10)	0,00/0,10
16. Pedido de produção de todas as provas cabíveis (0,10)	0,00/0,10
17. Indicação do valor da causa: R$ 40.000,00 (0,10).	0,00/0,10
Fechamento	
18. Local, data, assinatura e OAB (0,10).	0,00/0,10

EXCELENTÍSSIMO SENHOR DOUTOR JUIZ DE DIREITO DA ___ VARA CÍVEL DA COMARCA DO RIO DE JANEIRO/RJ

JOÃO PAULO *(nome completo)*, *(nacionalidade)*, *(estado civil)*, portador do RG nº _____, inscrito no CPF/MF sob o nº _____, *(endereço eletrônico)*, residente e domiciliado à Rua _____, através de seu bastante procurador e advogado infra-assinado com instrumento de mandato incluso na forma do artigo 103 do Código de Processo Civil, com escritório *(endereço completo)*, onde recebe intimações vem mui respeitosamente perante Vossa Excelência propor

AÇÃO DECLARATÓRIA DE INEXISTÊNCIA DE DÉBITO
C/C COM PEDIDO DE TUTELA ANTECIPADA
C/C CONDENAÇÃO POR DANOS MORAIS

em face de BANCO XYZ, pessoa jurídica de direito privado, com sede *(endereço)*, inscrita no CNPJ sob o nº_____, neste ato representada na pessoa *(nome completo e qualificação do representante legal)* pelas razões de fato e de direito a seguir expostas.

I – DOS FATOS

Em certa ocasião o autor foi tentar comprar um eletrodoméstico num determinado magazine, oportunidade em que foi informado pelo estabelecimento que não seria possível aceitar o pagamento financiado, em virtude da negativação de seu nome junto aos cadastros restritivos de crédito pelo *Banco XYZ*, sediado no Rio de Janeiro.

Surpreso, João buscou mais informações sobre a dívida, uma vez que nunca celebrou nenhum contrato com o referido banco. Após alguns telefonemas descobriu que a negativação era referente a um contrato de empréstimo de R$ 10.000,00 (dez mil reais), o que certamente ocorreu em decorrência de alguma fraude com o uso de seu nome.

A fim de resolver amigavelmente a questão dirigiu-se ao banco, pedindo a imediata exclusão de seu nome do cadastro restritivo de crédito, porém seu pedido não atendido.

Destarte, não lhe restou alternativa e não ser recorrer à via judicial para buscar a resolução da lide.

II – DO DIREITO

Consoante mencionado anteriormente, o autor não celebrou o contrato de empréstimo com o banco réu, razão pela qual não pode ser acionado para o pagamento de uma dívida que não contraiu. Neste passo, o autor não é parte legítima no contrato, sendo certo que seu nome e seus documentos foram usados indevidamente por um terceiro, o qual por meios fraudulentos celebrou o negócio jurídico com o réu prejudicando assim o autor.

Os elementos básicos para a existência e validade do negócio jurídico nos termos dos artigos 104 e 166 do Código Civil são: partes legítimas, vontade livre e consciente, objeto lícito, possível e determinado (ou determinável) e forma não proscrita em lei. No caso em tela existe vício no elemento "parte" e "vontade" no que se refere ao autor, pois não foi ele quem celebrou o contrato e, por consequência não expressou sua vontade. Logo, para ele o contrato sequer existe.

Neste contexto, importante ressaltar que o autor pode ser considerado consumidor por equiparação, nos termos dos artigos 17 e 29 do Código de Defesa do Consumidor, uma vez que foi vítima de um evento dentro do mercado de consumo.

Quanto ao réu por ser fornecedor sua responsabilidade civil é objetiva com fulcro no artigo 14 do Código de Defesa do Consumidor, o qual expressamente prevê que "*o fornecedor de serviços responde, independentemente da existência de culpa, pela reparação dos danos causados aos consumidores por defeitos relativos à prestação dos serviços (...)*". Sendo assim, para que o dever de indenizar se configure se faz necessário apenas demonstrar a existência do dano e o nexo causal.

Os danos causados ao autor são inequívocos, vez que em decorrência de contrato fraudulento teve seu nome incluído indevidamente em cadastro restritivo de crédito. O nexo causal é claro, pois foi o réu que inseriu o nome do autor no cadastro de negativação, prejudicando-o.

Quanto aos danos causados ao autor, eles são de duas ordens: primeiramente ele foi impossibilitado de fazer a contratação, logo não pôde levar o produto; segundo, sofreu constrangimento por ter o nome indevidamente negativado, o que acarreta dano moral *in re ipsa*.

Por fim, importante ressaltar que plenamente cabível no caso em tela a inversão do ônus da prova, nos termos do artigo 6º, VIII do Código de Defesa do Consumidor, o qual prevê que, a critério do juiz segundo as regras ordinárias de experiência, havendo verossimilhança da alegação do consumidor, o Magistrado pode tomar esta medida com o objetivo de facilitar a defesa de seus direitos.

DA TUTELA ANTECIPADA

Diante da urgente necessidade de retirada do nome do autor dos cadastros restritivos de crédito, plenamente cabível a tutela antecipada sem a oitiva da parte contrária nos termos do artigo 300 do Código de Processo Civil, pois presentes os seus requisitos legais.

O *fumus boni iuris* comprova-se por meio da certidão de negativação em anexo, onde resta demonstrado que o réu inseriu o autor indevidamente no cadastro de inadimplentes.

O *periculum in mora* é evidente, pois enquanto o autor estiver com esta restrição não poderá celebrar negócios jurídicos a prazo sendo cerceado no seu direito de livre negociação, sem contar o constrangimento que terá de suportar por ser enquadrado como "mau pagador".

Frise-se que os riscos de irreversibilidade da medida são praticamente inexistentes no caso em comento, logo isso não seria um impedimento para a sua concessão da tutela antecipada.

Assim, faz-se premente a concessão de medida liminar para a retirada imediata do nome do autor dos cadastros de restrição de crédito conforme exaustivamente demonstrado.

III – DOS PEDIDOS

Diante do exposto requer-se:

1) Concessão de tutela liminar sem a oitiva da parte contrária, para retirada do nome dos cadastros restritivos de crédito;
2) a confirmação da tutela liminar em sede de sentença;

3) a declaração de inexistência da dívida;

4) Condenação ao pagamento de indenização por danos morais no valor de R$30.000,00 (trinta mil reais);

5) A condenação do réu nas custas e honorários advocatícios;

6) A inversão do ônus da prova em fazer do autor, nos termos do art. 6º, VIII do CDC.

Protesta pela produção de todos os meios de provas em direito admitidas, depoimento de testemunhas, bem como novas provas documentais e outras que eventualmente venham a surgir.

Atribui-se à causa o valor de R$ 40.000,00 (quarenta mil reais).

Nestes termos,

Pede deferimento.

Rio de Janeiro, data

Advogado

OAB/UF

(OAB/2ª FASE – XXXIV) Para adquirir um carro de luxo da marca Tenz, Alexandre aceitou o contrato de compra e venda imposto pela *Concessionária Alfa*, no qual havia cláusula estipulando que eventual conflito entre as partes seria solucionado por arbitragem.

Duas semanas após a aquisição, Alexandre sofreu um acidente decorrente de uma falha no sistema de *airbag* do veículo, que, por sorte, não lhe custou a vida. Fato é que, três meses após o acidente, a *Concessionária Alfa* realizou o *recall* de alguns veículos da marca Tenz, dentre os quais estava o veículo adquirido por Alexandre.

Assim que soube desse *recall*, Alexandre ajuizou uma ação pelo procedimento comum contra a *Concessionária Alfa*, visando reaver o valor pago na compra do veículo e uma indenização pelos prejuízos decorrentes do acidente de carro.

A *Concessionária Alfa* apresentou uma contestação genérica, na qual não impugnou os argumentos apresentados por Alexandre, gerando presunção de veracidade sobre esses, e tampouco mencionou a existência de cláusula compromissória no contrato de compra e venda.

Após a apresentação de réplica, o MM. Juízo da 5ª Vara Cível de Maceió intimou as partes, de ofício e com fundamento no Art. 10 do CPC, para se manifestarem sobre a eventual ausência de jurisdição do Poder Judiciário em virtude da existência de cláusula compromissória existente no contrato de compra e venda.

Alexandre não apresentou manifestação, enquanto a *Concessionária Alfa* defendeu que somente um tribunal arbitral escolhido pelas partes possuiria competência para solucionar a controvérsia *sub judice*.

Em seguida, o MM. Juízo da 5ª Vara Cível de Maceió acolheu a preliminar de convenção de arbitragem e extinguiu o processo, sem resolução de mérito, na forma do Art. 485, inciso VII, do CPC.

A sentença foi publicada em 01/07/2021, quinta-feira, sendo certo que não possui omissão, obscuridade ou contradição.

Considerando apenas as informações expostas, elabore, na qualidade de advogado(a) de Alexandre, a peça processual cabível para defesa dos interesses de seu cliente, que leve o tema à instância superior, indicando seus requisitos e fundamentos, nos termos da legislação vigente. O recurso deverá ser datado no último dia do prazo para apresentação. Desconsidere a existência de feriados nacionais ou locais. (Valor: 5,00).

Obs.: a peça deve abranger todos os fundamentos de Direito que possam ser utilizados para dar respaldo à pretensão. A simples menção ou transcrição do dispositivo legal não confere pontuação.

GABARITO COMENTADO – EXAMINADORA

A peça processual cabível é o recurso de *apelação* (Art. 1.009 do CPC), interposto no prazo de 15 dias úteis, ou seja, 22/07/2021.

O examinando deverá interpor o recurso em petição dirigida ao juízo de primeiro grau (Art. 1.010 do CPC), contendo o nome e a qualificação das partes, além de requerer a intimação para apresentação de contrarrazões e a remessa ao tribunal, independentemente do juízo de admissibilidade.

Nas razões recursais, deverá indicar os fatos ocorridos, bem como fundamentar juridicamente seu pleito.

O examinando deverá alegar que o MM. Juízo da 5ª Vara Cível de Maceió não poderia ter extinguido o processo sem resolução de mérito, porque a ausência de alegação na contestação da *Concessionária Alfa* sobre a existência da convenção de arbitragem implica a aceitação da jurisdição estatal e renúncia do juízo arbitral, na forma do Art. 337, § 6º, do CPC. Além disso, o MM. Juízo da 5ª Vara Cível de Maceió não poderia ter extinguido o processo sem resolução de mérito em virtude da ineficácia da convenção de arbitragem uma vez que, por força do Art. 4º, § 2º, da Lei de Arbitragem (Lei nº 9.307/96), esse negócio jurídico celebrado em contrato de adesão somente seria eficaz se Alexandre iniciasse o procedimento arbitral ou concordasse com sua instituição.

O examinando deverá invocar o Art. 1.013, § 3º, inciso I, do CPC, postulando o imediato julgamento do mérito pelo tribunal, alegando que o defeito no produto fornecido e a responsabilidade da Concessionária Alfa não foram especificamente impugnados. Aplica-se a responsabilidade objetiva da *Concessionária Alfa* por força do Art. 12 do CDC.

O examinando deverá formular o pedido de reforma da decisão, inicialmente, com base no Art. 1.013, § 3º, inciso I, do CPC, postulando o imediato julgamento do mérito pelo tribunal, na forma do citado dispositivo processual, e, ato contínuo, a procedência do pedido com a condenação da Ré à restituição do valor pago e à fixação de indenização pelos prejuízos decorrentes do acidente.

Deve, a seguir, proceder ao encerramento da peça.

Distribuição dos Pontos

ITEM	PONTUAÇÃO
Endereçamento	
1. A apelação deve ser dirigida ao Juízo de Direito da 5ª Vara Cível da Comarca de Maceió (0,10).	0,00/0,10
2. Remessa das razões ao Tribunal de Justiça de Alagoas (0,10).	0,00/0,10
Partes	
3. Nome e qualificação de Alexandre (apelante) (0,10) e da Concessionária Alfa (apelado) (0,10).	0,00/0,10/0,20
Tempestividade	
4. Interposição no prazo de 15 dias (0,10), ou seja, 22/07/21 (0,10), último dia do prazo, na forma do Art. 1.003, § 5º, do CPC (0,10).	0,00/0,10/0,20/0,30
Regularidade Formal	
5. Preparo (0,20).	0,00/0,20
6. Intimação do apelado para a oferta de contrarrazões (0,20), na forma do Art. 1010, § 1º, do CPC (0,10)	0,00/0,20/0,30
7. Exposição dos fatos (0,20)	0,00/0,20
Fundamentação	
8. A ausência de alegação na contestação sobre a existência de convenção de arbitragem (0,20) implica a aceitação da jurisdição estatal e renúncia do juízo arbitral (0,40), na forma do Art. 337, § 6º, do CPC (0,10).	0,00/0,20/0,30/0,40/ 0,50/0,60/0,70
9. O negócio jurídico celebrado em contrato de adesão somente seria eficaz se Alexandre iniciasse o procedimento arbitral ou concordasse com sua instituição (0,50), conforme Art. 4º, § 2º, da Lei nº 9.307/96 (0,10)	0,00/0,50/0,60
10. Invocar o Art. 1.013, § 3º, inciso I, do CPC (0,10), postulando o imediato julgamento do mérito pelo tribunal (0,30), tendo em vista a apresentação de contestação genérica (0,20).	0,00/0,30/ 0,40/0,50/0,60
11. Alegar que o defeito no produto fornecido e a responsabilidade da Concessionária Alfa não foram especificamente impugnados (0,20).	0,00/0,20
12. Aplica-se a responsabilidade objetiva da *Concessionária* Alfa (0,50) por força do Art. 12 do CDC (0,10).	0,00/0,50/0,60
Pedidos	
13. Pedido de reforma da sentença com julgamento imediato do mérito pelo tribunal (0,20).	0,00/0,20
14. Procedência do pedido (0,20), para que a ré seja condenada à restituição do valor pago e à fixação de indenização pelos prejuízos decorrentes do acidente (0,20)	0,00/0,20/0,40

15. Inversão dos ônus de sucumbência (0,20). **OU** Condenação do recorrido ao pagamento das custas (0,10) e dos honorários advocatícios (0,10).	0,00/0,10/0,20
Fechamento	
16. Local, data (22/07/21), assinatura e inscrição OAB (0,10).	0,00/0,10

EXCELENTÍSSMO SENHOR DOUTOR JUIZ DE DIREITO DA 5ª VARA CÍVEL DA COMARCA DE MACEIÓ/AL

Autos nº: xxxxxxxxxxxxxxx

ALEXANDRE (*nome completo*), (*nacionalidade*), (*estado civil*), portador do RG nº _____, inscrito no CPF/MF sob o nº _____, (*endereço eletrônico*), residente e domiciliado à Rua _____, nos autos da ação ordinária em epígrafe que move em face de Concessionária Alfa, pessoa jurídica de direito privado, com sede (*endereço*), inscrita no CNPJ sob o nº_____, neste ato representada na pessoa (*nome completo e qualificação do representante legal*) conforme contrato social em anexo, por intermédio de seu advogado e bastante procurador vem mui respeitosamente perante Vossa Excelência, com fulcro no art. 1.009 e seguintes do CPC, tempestivamente interpor **RECURSO DE APELAÇÃO** em face da sentença de fls, pelas razões de fato e de direito a seguir expostas.

Assim, vem dela apelar para o egrégio Tribunal de Justiça do Estado de Alagoas juntando as RAZÕES DE APELAÇÃO em anexo.

Requer-se de pronto a intimação da Apelada para que sejam oferecidas contrarrazões nos termos do art. 1.010, § 1º do CPC, e em seguida sejam os autos encaminhados ao e. Tribunal anteriormente mencionado independentemente de juízo de admissibilidade para que seja processado e julgado o presente recurso.

Termos em que,

Pede deferimento

Maceió, 22 de julho de 2021.

Advogado

OAB/UF nº__

RAZÕES DE APELAÇÃO

AUTOS Nº:____
APELANTE: ALEXANDRE
APELADA: CONCESSIONÁRIA ALFA
ORIGEM: 5ª VARA CÍVEL DA COMARCA DE MACEIÓ

EGRÉGIO TRIBUNAL DE JUSTIÇA DO ESTADO DE ALAGOAS,
COLENDA CÂMARA,
EXCELENTÍSSIMOS DESEMBARGADORES

I – Dos fatos

O apelante celebrou contrato de compra e venda com a apelada a fim de obter um carro de luxo da marca Tenz, onde constava que eventual conflito entre as partes deveria ser solucionado por meio da arbitragem.

Duas semanas após a aquisição, o apelante sofreu um acidente decorrente de uma falha no sistema de *airbag* do veículo.

Passados três meses do acidente, a apelada realizou o *recall* de alguns veículos da marca Tenz, dentre os quais estava o veículo adquirido pelo apelante.

Diante deste cenário, o apelante ajuizou a presente demanda a fim de reaver o valor pago na compra do veículo e obter indenização pelos prejuízos decorrentes do acidente de carro.

A contestação da apelada foi genérica, vez que não impugnou os argumentos apresentados pelo apelante, gerando presunção de veracidade sobre esses, e tampouco mencionou a existência de cláusula compromissória no contrato de compra e venda.

Após a apresentação de réplica, o MM. Juízo *a quo* intimou as partes para se manifestarem sobre a eventual ausência de jurisdição do Poder Judiciário em virtude da existência de cláusula compromissória existente no contrato de compra e venda.

O apelante não apresentou manifestação. Contudo, a apelada defendeu que somente o tribunal arbitral escolhido pelas partes possuiria competência para solucionar a controvérsia *sub judice*.

Em seguida, o MM. Juízo da 5ª Vara Cível de Maceió acolheu a preliminar de convenção de arbitragem e extinguiu o processo, sem resolução de mérito, na forma do Art. 485, inciso VII, do CPC.

Por não se conformar com a i. decisão, vem a apelante pleitear a sua reforma apresentando os argumentos de fato e de direito a seguir descritos.

II – Dos requisitos de admissibilidade

Inicialmente, cumpre destacar que é cabível o presente recurso de apelação, conforme art. 1.009 do CPC, pois visa a reforma da sentença que extinguiu o processo sem resolução do mérito prolatada com base com no art. 485, VII do CPC.

Quanto a tempestividade, a i. sentença foi publicada em 1º de julho de 2021 (quinta-feira). Contando-se 15 dias (artigo 1.003, § 5º do CPC), desconsiderando-se os finais de semana, o prazo expira em 22 de julho de 2021. Logo, o recurso é tempestivo.

O preparo foi devidamente recolhido e a guia comprobatória segue acostada aos autos.

Assim, o recurso que foi interposto nos moldes do artigo 1.010 do CPC merece ser conhecido por preencher os pressupostos recursais.

III – Da preliminar de mérito

Nos termos do artigo 337, X do CPC, o tema "convenção de arbitragem" deveria ter sido alegado em sede de contestação antes de se discutir o mérito da causa. Contudo, como mencionado, a apelada apresentou contestação genérica e apenas se manifestou sobre o assunto quando provocada pelo juiz após a apresentação da réplica.

Neste passo, consoante previsto no artigo 337, § 6º do CPC, a alegação de convenção de arbitragem fora deste formato implica aceitação da jurisdição estatal e renúncia ao juízo arbitral.

Sendo assim, a arbitragem não é mais cabível para solucionar o litígio em tela, razão pela qual a decisão merece reforma e deve avançar para a apreciação sobre as questões de mérito.

IV – Do mérito

Consoante mencionado anteriormente, o apelante celebrou contrato de compra e venda com a apelada. Contudo, ressalta-se que a natureza deste contrato é de adesão, uma vez que o apelante não teve possibilidade alguma de discutir sobre suas cláusulas. Em casos como este, a Lei 9.307/96 expressamente prevê que a arbitragem apenas terá eficácia se o próprio aderente tomar a iniciativa de instituí-la ou concordar expressamente com sua escolha, desde que por escrito em documento anexo ou em negrito, com a assinatura ou visto expressamente para essa cláusula.

Todavia, não foi o que ocorreu no caso em tela. Na ocasião o contrato simplesmente foi imposto ao apelante sem nenhum destaque ou solicitação expressa quanto à via arbitral. Logo, ainda que fosse alegada no momento oportuno, a cláusula compromissória deveria ser desconsiderada por esse vício e forma, seguindo-se assim a discussão da lide pela via judicial.

Nesta seara, importante destacar que considerando que o processo foi extinto sem julgamento do mérito e que a apelada apresentou contestação genérica é plenamente cabível o julgamento imediato da lide, nos termos do artigo 1.013, § 3º, I do CPC, acolhendo-se plenamente as alegações do apelante, uma vez que o defeito do produto fornecido e a responsabilidade da apelada não foram especificamente impugnados.

E ainda que tivesse havido alguma alegação nesse sentido frise-se que a responsabilidade da apelada é objetiva por força do artigo 12 do CDC.

V – Dos pedidos

Diante do exposto requer-se:

a) seja o recurso conhecido e haja reforma da sentença com julgamento imediato do mérito por este Egrégio Tribunal;

b) seja dado total provimento ao presente recurso desconsiderando a aplicação da via arbitral e para que a apelada seja condenada à restituição do valor pago e à fixação de indenização ao apelante pelos prejuízos decorrentes do acidente;

c) seja determinada a inversão dos ônus de sucumbência OU a condenação da apelada ao pagamento das custas e dos honorários advocatícios.

Termos em que,

Pede deferimento

Maceió, 22 de julho de 2021.

Advogado

OAB/UF nº__

(OAB/2ª FASE – XXXV) Jorge, empresário, decide delegar a gestão de seus bens imóveis a Miguel. Assim o faz, por via de contrato, no qual outorga poderes gerais a Miguel, de modo a extrair os melhores resultados financeiros na administração dos bens. Estipulou-se que, a cada operação de gestão que resultasse lucrativa, o outorgado teria direito à remuneração de 5% (cinco por cento) sobre a receita gerada.

Miguel, então, decide vender um apartamento de Jorge, em nome deste, porque Maria fez uma oferta para pagamento de preço apenas 10% abaixo do mercado, colocando-se à disposição para o pagamento à vista, no valor de R$ 1.000.000,00 (um milhão de reais). Miguel, então, em nome de Jorge, firmou, com Maria, instrumento particular de compromisso de compra e venda, recebendo um sinal de R$ 20.000,00 (vinte mil reais). Ato contínuo, comunicou a Jorge acerca da transação finalizada, informando que irá transferir o valor da venda, com a dedução de sua remuneração, compensando os valores.

Revoltado, Jorge esbraveja com Miguel, acusando-o de prometer a venda de um imóvel que não era para ser alienado, ressaltando que os poderes que lhe foram outorgados não abrangiam o direito de alienar imóveis. Pediu-lhe que desfizesse o negócio, deixando claro que ele não tem poder para vender seus imóveis, uma vez que não tem interesse em se desfazer deles.

Miguel aceita a crítica, comunicando que conseguiu desfazer a operação contratual com Maria, mas informou que lhe é devido o valor de 5% da venda (R$ 50.000,00), pelo esforço despendido, fazendo incidir a cláusula de remuneração. Afirma, ainda, que teve de devolver o sinal, em dobro, para Maria, totalizando R$ 40.000,00 (quarenta mil reais). Solicita, assim, o depósito de R$ 90.000,00 (noventa mil reais) em sua conta.

Indignado, Jorge não efetua o pagamento, revogando os poderes concedidos a Miguel. Dias depois, recebe mandado de citação da 1ª Vara Cível da Comarca de Curitiba, para integrar o polo passivo da *Ação de Cobrança* movida por Miguel.

Na qualidade de advogado(a) de Jorge, elabore a peça processual cabível para tutelar os interesses de seu cliente, indicando requisitos e fundamentos nos termos da legislação vigente. (Valor: 5,00)

Obs.: a peça deve abranger todos os fundamentos de Direito que possam ser utilizados para dar respaldo à pretensão. A simples menção ou transcrição do dispositivo legal não confere pontuação.

GABARITO COMENTADO – EXAMINADORA

Cabe a Jorge, na forma do Art. 335 do CPC, oferecer *contestação*, com os seguintes fundamentos:

O contrato firmado entre Jorge e Miguel é qualificado como *contrato de mandato*, regulado pelo Art. 653 e seguintes do Código Civil.

Na hipótese vertente, como Jorge (mandante) outorgou apenas poderes gerais para Miguel (mandatário) gerir seus imóveis, sua representação se limitava aos poderes de administração, como delimita o Art. 661, *caput*, do Código Civil. A propósito, o Art. 661, § 1º, esclarece que *para alienar (...) depende a procuração de poderes especiais e expressos*, razão pela qual a ausência de tais poderes – especiais e expressos – importa exercício exorbitante do mandato.

O Art. 662 do Código Civil prevê que os atos praticados por quem não tenha poderes suficientes *são ineficazes em relação àquele em cujo nome foram praticados, salvo se os ratificar.*

Como Jorge não emitiu ratificação, expressa ou tácita, trata-se de negócio jurídico ineficaz perante o mandante, proprietário do imóvel.

Por outro lado, o mandante só tem o dever de pagar a remuneração ao mandatário *na conformidade do mandato conferido*, segundo o Art. 675 ou 676 ambos do CC.

Finalmente, incabível o pedido de reembolso do prejuízo que o mandatário teve com a restituição das arras, em dobro, à promitente compradora, na medida em que é do mandatário a obrigação de indenizar qualquer prejuízo causado por sua culpa, como preceitua o Art. 667, *caput*, do Código Civil.

Portanto, a ação deve ter seus pedidos julgados improcedentes.

Distribuição dos Pontos

ITEM	PONTUAÇÃO
Endereçamento	
1. A peça de defesa deve ser apresentada perante o juízo onde a ação foi distribuída, 1ª Vara Cível da Comarca de Curitiba (0,10).	0.00;0.10
2. Qualificação do réu, Jorge (0,10), e do autor, Miguel (0,10).	0.00;0.10;0.20
Tempestividade:	
3. Demonstrar a tempestividade da peça, oferecida dentro do prazo de 15 dias úteis (0,10), na forma do Art. 335 do CPC (0,10).	0.00;0.10;0.20
Fundamentação Jurídica/Legal	
4. Qualificar o contrato de mandato (0,50), na forma do Art. 653 do CC (0,10).	0.00;0.50;0.60
5. Demonstrar que os poderes gerais outorgados implicam apenas poderes de administração (0,50), nos termos do Art. 661, *caput*, do CC (0,10).	0.00;0.50;0.60
6. Destacar que para alienar os imóveis dependeria de procuração com poderes especiais e expressos (0,50), nos moldes do Art. 661, § 1º, do CC (0,10).	0.00;0.50;0.60
7. Apontar que o exercício exorbitante do mandato gera a ineficácia do ato em relação àquele em cujo nome foi praticado (0,40), na medida que não houve ratificação do ato praticado (0,20) na forma do Art. 662 do CC (0,10).	0.00;0.20;0.30 0.40;0.50;0.60;0.70
8. Asseverar que o mandante só tem o dever de pagar a remuneração ao mandatário nos limites do mandato conferido (0,50), como determina o Art.675 **ou** o Art.676, ambos do CC (0,10).	0.00;0.50;0.60
9. Indicar que não tem o dever de restituir o prejuízo pelo pagamento das arras em dobro (0,20), porque é do mandatário a obrigação de indenizar qualquer prejuízo causado por culpa sua (0,30), como preceitua o Art. 667, *caput*, do CC (0,10).	0.00;0.20;0.30; 0.40;0.50;0.60
Pedidos	
10. Improcedência dos pedidos fixados na inicial (0,30), na forma do Art. 487, inciso I, do CPC (0,10).	0.00;0.30;0.40

11. Condenação em custas e/ou despesas processuais (0,10).	0.00;0.10
12. Condenação em honorários de sucumbência (0,10).	0.00;0.10
13. Protesto pela produção de provas (0,10).	0.00;0.10
Fechamento	
14. Local, data, nome e OAB (0,10).	0.00;0.10

EXCELENTÍSSIMO SENHOR DOUTOR JUIZ DE DIREITO DA 1ª VARA CÍVEL DA COMARCA DE CURITIBA/PR

Autos nº 0000-0000XXXX

Ação de Cobrança

JORGE (*nome completo*), (*nacionalidade*), (*estado civil*), (*profissão*), portador do RG nº _____, inscrito do CPF/MF sob o nº _____, (*endereço eletrônico*), residente e domiciliado à Rua _____, vem mui respeitosamente perante Vossa Excelência por meio de seu advogado infra-assinado (procuração anexa), com fulcro no art. 335 CPC, oferecer

CONTESTAÇÃO

à ação de cobrança que lhe move MIGUEL (*nome completo*), já qualificado nos autos em epígrafe, pelas razões de fato e de direito a seguir expostas:

1. DOS FATOS

O réu firmou com o autor contrato de mandato conferindo-lhe poderes gerais para gestão de seus bens a fim de extrair os melhores resultados financeiros na sua administração. Ficou acordado que a cada operação de gestão que resultasse lucrativa, o autor teria direito à remuneração de 5% (cinco por cento) sobre a receita gerada.

Extrapolando os poderes que lhe foram outorgados, o autor resolveu vender um apartamento do réu. Firmou instrumento particular de compromisso de compra e venda com Maria, que prometeu pagar o preço de R$1.000.000,00 (um milhão de reais) à vista, tendo dado R$20.000,00 (vinte mil reais) de sinal.

Inconformado, o réu advertiu o autor que ele não tinha poderes para alienar seus bens e exigiu que o contrato fosse imediatamente desfeito. A avença foi rescindida, contudo o autor continua pleiteando o montante de 5% da venda, isto é, R$50.000,00 (cinquenta mil reais) pelo esforço despendido, acrescido de R$ 40.000,00 (quarenta mil reais) referente a devolução em dobro do sinal à compradora Maria.

Todavia o pedido do autor não merece prosperar, pois completamente descabido de respaldo no ordenamento jurídico brasileiro como se passa a expor.

2. DO DIREITO

Ausente matéria preliminar a ser alegada, serão discutidas diretamente as razões de mérito.

O contrato de mandado encontra-se previsto no artigo 653 do Código Civil e prevê a possibilidade de alguém (outorgante) transferir poderes para outrem (outorgado) em seu nome para praticar atos ou administrar interesses por meio de procuração.

Os poderes transferidos podem ser gerais ou específicos, sendo que quando forem gerais o outorgado apenas está autorizado a administrar o bem (artigo 661, *caput* do Código Civil). Para que haja alienação são necessários poderes especiais expressos para tanto (artigo 661, § 1º do Código Civil). No caso em tela o autor exorbitou os poderes que possuía, uma vez que apenas tinha poder de gestão e, inconsequentemente, exerceu ato de disposição do bem.

Prevê o artigo 662 do Código Civil que o ato desta natureza praticado pelo mandatário (autor-alienante) é ineficaz em relação ao mandante (réu-proprietário), salvo se este o ratificar. Referida ratificação não ocorreu em nenhum momento, por isso não há eficácia da alienação com relação ao réu, logo a venda não gera efeitos contra ele.

Ademais, considerando que o autor agiu em desconformidade do mandato conferido não há que se falar no dever do réu de pagar a remuneração, nos termos do artigo 675 do Código Civil. Portanto o réu está desincumbido desta obrigação.

Por fim, completamente incabível a alegação de que o réu deve reembolsar o prejuízo que o autor teve com a restituição das arras à compradora. O artigo 667, *caput* do Código Civil é claro ao elucidar que cabe ao mandatário indenizar qualquer prejuízo causado por sua culpa.

3. DOS PEDIDOS

Diante do exposto requer-se:

a) seja a demanda julgada TOTALMENTE IMPROCEDENTE, reconhecendo-se a ilegalidade da cobrança narrada em sede de inicial;

b) A condenação do autor ao pagamento, nos moldes do art. 85, § 2º, do Código de Processo Civil, dos honorários advocatícios

Pugna pela produção de todas as provas admitidas em direito, ainda que não especificados no Código de Processo Civil, desde que moralmente legítimos (CPC, art. 369).

Termos em que,

Pede deferimento.

Local, Data

Advogado

OAB/UF

ANOTAÇÕES